Lost & Dark Places
Ostwestfalen-Lippe

Hart im Nehmen vom Anfang bis zum Schluss: Burg Rahden zeigt sich standhaft (Kapitel 21).

Dagmar Macêdo

Lost & Dark Places
OSTWESTFALEN-LIPPE

33 vergessene, verlassene und unheimliche Orte

BRUCKMANN

↑ Wellness-Ausblick vom Bäderhaus des Sanatoriums Ernstmeier (Kapitel 23)
↓ Das Motor Technica Museum zeigte einst nur glänzendes Metall (Kapitel 18).
↘ Steiler Aufstieg in der Rehmer Schokoladenfabrik (Kapitel 17)

INHALT

33 LOST & DARK PLACES

↑ Selbst Baumwurzeln kapitulieren vor dem Kugelfang im Nordrhedaer Forst (Kapitel 26).
↗ Signal ins Nirgendwo beim Löhner Betriebswerk (Kapitel 24)

VORWORT

Ostwestfalen-Lippe, das ist das Zuhause von Pumpernickel und Pickert, von Doppelwacholder und Wurstebrei. Aber auch von sprudelnden Heilquellen, Klöstern und Arminius, dem Römerschreck. Die Region war immer schon hart umkämpft, was ihr einige Ruinen eingebracht hat – und den sperrigen Namen. Der Flickenteppich aus sechs Kreisen und der Stadt Bielefeld hat eines gemeinsam: Die Menschen gelten als wortkarg und eigenbrötlerisch und präsentieren gern ein solides Understatement. Dabei hat Ostwestfalen-Lippe einiges zu bieten: ein paar herausragende Sehenswürdigkeiten, wunderschöne Natur und spannende Geschichten. Der zusammengestückelte Name lässt aber auch erahnen, dass hier nicht alles so glatt ist, wie es präsentiert wird.

Abseits der verlässlichen Tourismusmagnete, hinter den sauberen Fachwerkfassaden und unter den gefegten Bürgersteigen hat das vermeintlich beschauliche und bodenständige OWL nämlich ein paar schaurig-schöne Leichen im Keller. Wer sich hier auf den Weg macht, entdeckt vergessene und verlassene Orte, die genauso vielfältig sind wie die Landschaft zwischen Teutoburger Wald, Wiehen-, Weser- und Eggegebirge. Sie erzäh-

Der Laubengang des Kaiserhofs in Porta Westfalica war Zeuge von Freud' und Leid (Kapitel 19).

len von Weißen Frauen, die an einsamen Straßen auf Autofahrer oder schwangere Frauen warten, von kaltblütigen Mördern, die selbst vor Kindern nicht zurückschrecken. Man trifft auf malerisch verfallene Burgruinen, die hinter ihren dicken, efeuumschlungenen Mauern Geheimnisse verbergen, und auf grauenhafte Richtstätten. Mitten in der Stadt verstecken sich marode Zeugnisse unternehmerischen Erfindungsgeistes, auf dem Land Überreste eines verloren gegangenen Dorfes. Hier und da lässt sich in vergessenen Freizeitparks noch ein verhalltes Kinderlachen erahnen. Einige dieser Lost Places erzeugen unweigerlich Gänsehaut, andere lassen wehmütig die vergangene Schönheit erahnen, die unaufhaltsam verblasst.

Bei dem ein oder anderen Lost Place ist Eile geboten, wenn man noch seinen ganzen Charme bewundern möchte. Denn oft ist der Verfallsprozess schon so weit fortgeschritten, dass er kaum noch angehalten werden kann. Oder sie könnten einem allzu renovierungswütigen Investor in die Hände fallen. Andere sind schon verschwunden, haben aber Überreste ihrer Existenz hinterlassen, deren Geschichte so außergewöhnlich ist, dass man sie trotzdem erzählen muss.

Die Arbeit an diesem Buch war ein Abenteuer für mich, und ich hoffe, auch Sie möchten sich nach dem Lesen sofort auf die Reise machen. Ich jedenfalls war oft mehr als überrascht, welche Schätze sich in meiner unmittelbaren Nachbarschaft befinden.

Zeitgeschichte im Miniaturformat im Kulturpark Windhöhe (Kapitel 11)

VERHALTENSREGELN IM LOST PLACE

1. Behandeln Sie die Orte mit Respekt

Jedes Bauwerk und jedes Gebäude erzählt eine Geschichte aus vergangenen Tagen. Diese gilt es zu schützen. Und auch wenn es nicht immer so aussieht, hat jeder Lost Place einen Eigentümer. Dies ist zu respektieren; Zuwiderhandlungen können ernsthafte rechtliche Konsequenzen haben. Betreten Sie keine Gebäude oder Grundstücke unbefugt, zerstören oder beschädigen Sie nichts, öffnen Sie nichts gewaltsam. Sind Fenster oder Türen verschlossen, soll das auch so bleiben. Dieses Buch ist so konzipiert, dass Sie viele der Orte frei oder auf Nachfrage betreten dürfen (Burgruinen etc.) oder, falls dies nicht offiziell erlaubt ist, die Orte auch »mit Abstand« erfahren und genießen können.

2. Nehmen Sie nichts mit, lassen Sie nichts da

Wenn Sie etwas von einem Lost Place mitnehmen, und sei es noch so klein, ist das Diebstahl. Wie bereits unter Punkt 1 gesagt, haben all diese Orte einen Eigentümer. Daher gilt die Regel: Alles bleibt, wie es ist. Belassen Sie es bei den schönen Einblicken und Fotos, die Sie vor Ort machen. Das bedeutet auch: Lassen Sie nichts zurück – keine Essensreste, keine Kaugummis, keine Zigarettenkippen.

3. Rauchen verboten

Das bringt uns zum nächsten Punkt: Rauchen verboten. Zollen Sie dem ehrwürdigen Ort Respekt und verzichten Sie für die Zeit, die Sie da sind, auf das Rauchen. Zigarettenkippen brauchen nicht nur 15 Jahre zum Verrotten (und sollten deshalb ohnehin nirgends achtlos weggeworfen werden), sondern können schnell auch ein verheerendes Feuer verursachen.

4. Keine Graffiti

Dass Sie nichts hinterlassen sollen, gilt ebenso für »Kunstwerke« an den Wänden. Lassen Sie die Mauern, wie sie sind. Auch die Menschen nach Ihnen sollen den Ort so erleben können, wie er früher einmal war.

5. Seien Sie vorsichtig und gehen Sie nicht allein

Besonders wichtig: Vorsicht ist besser als Nachsicht. Das gilt vor allem bei Lost Places. Brüchige Mauern, frühere Keller, herumliegende Überreste oder Müll, aber auch natürliche Gegebenheiten (Bodenlöcher, Höhlen) bergen Gefahren. Zudem liegen manche der Objekte recht einsam. Deshalb ist es ratsam, einen Lost Place immer mindestens zu zweit, besser noch zu dritt zu besuchen. Nur so kann, sollte eine Person verletzt sein, die zweite vor Ort bleiben und die dritte Hilfe holen. Außerdem weiß man nie, wen man vor Ort trifft. Plünderer, Spinner oder Betrunkene … auch sie sind gerne rund um Lost Places anzutreffen. Da ist es beruhigender, nicht allein unterwegs zu sein.

Tod mit Aussicht – so lautete das Credo bei den Haller Waldbegräbnissen (Kapitel 27).

Hat was von einem Gesamtkunstwerk:
die mächtige Brech- und Siebanlage in Kleinenbremen (Kapitel 16)

1

HOCHEXPLOSIV

Die Muna Harth im Ringelsteiner Wald

Wer denkt schon Böses bei einer Firma mit dem Namen »Holzschuhfabrik Lehmann«? Doch dahinter versteckte sich ein (ganz und gar nicht harmloses) Geheimnis.

Adresse Buschenbach Forstweg, 33142 Büren, Kreis Paderborn
GPS Wanderparkplatz 51.50031, 8.57046 **GPS Brücken** 51.487487, 8.554789
Anfahrt Mit dem Auto von Büren über die L637 bis Ringelstein, parken auf dem Wanderparkplatz Ringelstein; mit dem Bus nach Büren-Ringelstein, Haltestelle Eichenweg

Ob hier die gesamte Munition hochgegangen ist? Wer seine Beine behalten will, testet es besser nicht aus.

UNTER DER TARNKAPPE Der Ringelsteiner Wald, ganz im Süden von Ostwestfalen-Lippe an der Grenze zum Sauerland, ist bei Wanderern bekannt und beliebt, denn viele schöne Wanderwege laden ein, die Natur zu genießen. Mit etwas Glück und zur richtigen Jahreszeit wird man hier Zeuge, wie ein Rudel Hirsche sich ein Stelldichein gibt. Malerisch, auch wenn die ehemals dichte Bewaldung einige kahle Stellen bekommen hat. Fichten, die einst neben mächtigen Buchen standen, sind zu großen Teilen dem Borkenkäfer zum Opfer gefallen. Außer dem gefräßigen Insekt nagt allerdings noch etwas anderes an der stillen Idylle und wird durch die großflächige Fällung enttarnt: Ruinen einer Holzschuhfabrik säumen die Wegesränder. Die meisten umschlingt eine Absperrung, daneben ein Schild, das vor dem Betreten eindringlich warnt: Es besteht Lebensgefahr. Angesichts der trümmerhaften Betonkolosse erscheint die Warnung der Schilder durchaus ratsam. Man fragt sich allerdings, ob eine Holzschuhfabrik derartige Spuren hinterlassen konnte.

Wasserhydranten in Reichweite waren bei so viel Hochexplosivem obligatorisch.

STRENG GEHEIM Vor fast 90 Jahren wurde dem Ringelsteiner Wald die zweifelhafte Ehre zuteil, als Standort für eine Munitionsanstalt auserkoren worden zu sein. Das dicht bewachsene hügelige Gelände schien ideal, um eine geheime Operation zu verstecken: Hier sollten keine Holzschuhe produziert, sondern vielmehr explosiver Nachschub für die Luftwaffe komplettiert und eingelagert werden. Ringelstein bot sich nicht nur aufgrund der idealen geologischen Gegebenheiten an. Ein weiterer Punkt wurde ebenfalls als günstig erachtet: Der Standort konnte relativ leicht mit der bereits existierenden Almetalbahn verbunden werden, die wiederum schon Anschluss an die Reichsbahn hatte. Die schwere Munition musste ja von diesem entlegenen Gebiet auch transportiert werden. Auf Anordnung des Reichsluftfahrtministeriums wurde der Forstbetrieb kurzum enteignet. Im August 1935 begann der Bau der Muna Harth, deren vollständiger Name »Luftwaffenmunitionsanstalt 1/VI Harth, Regierungsbezirk Minden, Luftgau VI Münster« lautete. Nach außen allerdings nutzte man einen Namen, der sich unauffällig und geschmeidig in eine dörfliche Landschaft einfügte: »Holzschuhfabrik Lehmann«.

UNTER ZEITDRUCK Vier Jahre später, kurz vor Kriegsbeginn, ging die Anlage in Betrieb. Gebaut wurde weiter: Es entstand der Verladebahnhof, der wie geplant der Almetalbahn angeschlossen wurde. Und es entstanden die vielen Bunker, die heute als Betonruinen die Wege säumen. Teils sind sie

Die großen Bunker hatten separate Ein- und Ausgänge für die Lagerung der hochexplosiven Ware.

komplett eingefallen, teils kann man aber noch ganz gut erkennen, wie groß die Bunker gewesen sein dürften: quadratisch, zehn mal zehn Meter die Kleinen, die größeren etwa fünfzehn mal fünfzehn Meter mit zwei Eingängen. Zur Tarnung waren sie mit Erde bedeckt. Mittlerweile wachsen ganze Wälder aus ihnen heraus. 50 Stück wurden fertiggestellt. Es gab außerdem noch 24 Lagerstollen, die in den Berghang hineingebaut waren. Ein Stollen war sechs Meter breit, drei Meter hoch und ragte zwischen 68 und 86 Meter tief in den Berg hinein. Heute sind die Eingänge der Tunnel mit einem Gitter verbarrikadiert. Schwer zu finden, tauchen mitten im Wald plötzlich aus dem Nichts zwei riesige Backsteinviadukte auf, das größere mit vier, das kleinere mit drei Bögen. Über diese Brücken sollte die Muna – unabhängig von der Schiene – mit Nachschub versorgt werden. Es kam nie dazu. Sie waren von Anfang an »lost«.

Reste eines der kleineren Bunker mit nur einem Eingang

IM VIERTELSTUNDENTAKT Die Almetalbahn war Anfang 1945 immer öfter im Visier der alliierten Tiefflieger. Ein Treffer saß: Zwei Dampfloks im Bahnhof Ringelstein wurden zerstört. Da nun nichts mehr transportiert werden konnte, wurde alles, was nicht mehr in die Bunker passte, draußen auf Freistapeln gelagert. Auch auf Waggons im Verladebahnhof türmte sich Munition. Überall auf dem Gelände lagerte Hochexplosives. Als die Amerikaner immer näher kamen, lautete der plötzliche und eindeutige Befehl des Luftgaukommandos, das gesamte Areal zu sprengen. Ringelstein widersetzte sich. Eine einzige riesengroße Explosion hätte von den umgebenen Dörfern nichts mehr übrig gelassen. Deshalb wurden am 30. März 1945 die Bunker, die beladenen Waggons und die gesamte im Freien gestapelte Munition im Viertelstundentakt in die Luft gejagt. Auch die meisten Stollen wurden gesprengt. Die umliegenden Dörfer wurden evakuiert – auch eine etappenweise Sprengung war schließlich höchst riskant. Immerhin haben so die Dörfer und ihre Bewohner überlebt.

KLEINER HOFFNUNGSSCHIMMER Bis Anfang 1945 waren hier ca. 2750 Menschen im Einsatz. Davon über zwei Drittel, nämlich 2000, als Bauarbeiter. Das letzte Drittel war für die Fertigung, Einlagerung und den Versand eingeteilt. Unter den dienstverpflichteten Zivilisten waren auch viele junge Frauen aus den nahen Dörfern, die dem sogenannten Mobilmachungsbefehl folgen und sich zur Arbeit in der Muna einfinden mussten. Eine ihrer Aufgaben war es, die Granaten und die Gewehrmunition zu verpacken. In so eine Patronenpackung kam neben drei Ladestreifen, auf denen je fünf Patronen

Die beiden Backsteinviadukte sollten die Zufahrt zur Muna unabhängig von der Schiene sichern. Sie waren von Anfang an lost.

Platz hatten, auch oft noch ein kleines Briefchen mit aufmunterndem Gruß – und der Adresse der jungen Dame: ein kleiner Hoffnungsschimmer an der Front inmitten von Elend, Schmerz und Entbehrung. Und tatsächlich kam es nach dem Krieg für manche Senderin und ihren unbekannten Empfänger zu einem Treffen, das manchmal sogar zu einem Happy End führte.

BLINDGÄNGER Nach dem Krieg diente das Ringelsteiner Gelände als Munitionszerlegebetrieb. Wurde ein Blindgänger irgendwo in Nordrhein-Westfalen gefunden und war er schwerer als 50 Kilogramm, brachte der Kampfmittelräumdienst der Bezirksregierung Arnsberg ihn in den Ringelsteiner Wald. Hier wurde der Fund dann von Sprengstoffexperten unschädlich gemacht. Bis vor wenigen Jahren die Betriebserlaubnis erlosch.

Wanderungen und Führungen

Durch den Ringelsteiner Wald führen wunderschöne Wanderwege. Festes Schuhwerk ist daher ein Muss. Wichtig: auf den Wegen bleiben! Es ist nicht erlaubt, das Kerngelände der Muna zu betreten. Und wegen der explosiven Vergangenheit sollten Spaziergänger ihre Selbsterhaltungstriebe aktivieren und die Warnhinweise unbedingt ernst nehmen. Führungen durch den abgesperrten Bereich bietet das Regional Forstamt Hochstift an (www.wald-und-holz.nrw.de). Direkt am Wanderparkplatz Ringelstein stehen auf den Schienen der ehemaligen Almetalbahn noch alte Waggons. Das alte Stellwerk ist mittlerweile in Privatbesitz, kann aber als Ferienwohnung gemietet werden. Und ein weiterer Lost Place ist von hier quasi in Sichtweite (siehe Seite 24 ff.).

Die Meinolfuskapelle: nicht lost, aber mit sonderbar stiller und kalter Atmosphäre. Wo wartet wohl die weiße Gestalt?

2

EIN TAL DES FRIEDENS?

Die Weiße Frau an der Meinolfuskapelle in Böddeken

Auf dem Gelände einer kleinen Kapelle im Kreis Paderborn soll es zu mysteriösen Begegnungen mit einer geisterhaften Gestalt kommen, die es vor allem auf zu eilige Autofahrer abgesehen hat.

Adresse L818, 33689 Böddeken, Büren, Kreis Paderborn **GPS** 51.586691, 8.674963
Anfahrt Mit dem Auto von Paderborn über die A33, Abfahrt Etteln, dann auf die L818; zwischen dem Gut Böddeken und dem Soldatenfriedhof befindet sich ein Wanderparkplatz in unmittelbarer Nähe der Kapelle

STUMME ZEUGEN Die Landstraße, die durch das Tal des Friedens verläuft, ist schmal. Eine Fahrbahnmarkierung gibt es nicht, ebenso wenig einen Gehweg. Links und rechts säumen dicht an dicht knorrige alte Bäume die Straße: lautlose Zeugen mysteriöser Ereignisse. Direkt hinter ihnen liegt zu beiden Seiten das Naturschutzgebiet »Wälder bei Büren«. Nur ein Graben trennt Asphalt und Natur. Doch ein Stück vom Wald wirkt wie rausgeschnitten. Rasen bedeckt die Fläche. Etwas zurückgesetzt von der Straße steht eine kleine, windschiefe Kapelle, an deren grauen Sandstein sich ein Fachwerkbau schmiegt, und davor eine uralte knotige Linde. Ihr Stamm ist gespalten, man kann mit der Hand durch sie hindurchgreifen. Einsam ist die Kapelle, nur umgeben vom Erbbegräbnis der Mallinckrodts, eines alten Adelsgeschlechts. Stille liegt in der immer kalten Luft, nichts regt sich … bis zur Dämmerung. Dann aber tritt plötzlich eine zarte Gestalt im weißen Gewand aus der Deckung zwischen den alten Bäumen heraus. So zumindest berichten einige Autofahrer über ihre Begegnung mit einer Weißen Frau an der Straße auf Höhe der Kapelle, während andere versichern, dass das Auto ganz von selbst aus voller Fahrt zum Stillstand gekommen ist. Fakt ist, dass es auf diesem nicht besonders kurvigen Abschnitt immer wieder zu Vollbremsungen mit teils drastischen Unfällen kommt. Und die Frage nach den Ursachen führt zu einem Familienmitglied der Mallinckrodts …

SCHICKSAL Bei der weißen Gestalt, so wird gemunkelt, soll es sich um den Geist einer Dame von Mallinckrodt handeln, die selbst ein schweres Schicksal erlitten hat: Sie gebar ihrem Mann drei Töchter, doch alle drei wurden von einer tückischen Krankheit heimgesucht. Sie verstarben nacheinander – und mysteriöserweise immer im dritten Lebensjahr. Als nach dem Tod ihrer jüngsten Tochter Gevatter Tod auch noch ihren Mann

Die Kirche gehörte einst zu einem der einflussreichsten Augustinerklöster in Deutschland.

zu sich holte, war die junge Frau so verzweifelt, dass sie sich selbst das Leben nahm. Doch Erlösung scheint sie nicht gefunden zu haben. Vielmehr soll sie gefangen zwischen dem Dies- und dem Jenseits als Weiße Frau zwischen den Grabplatten ihrer Familie rund um die Meinolfuskapelle im Tal des Friedens verharren. Und immer wieder Autofahrer stoppen, die in der Dämmerung zu schnell auf der Landstraße unterwegs sind. Ob sie sie nur vor den Gefahren eines zu schweren Bleifußes warnen möchte, bleibt unklar. Deutlich wahrnehmbar ist jedoch die unerklärlich kühle Stille auf dem kleinen Gelände um die Kapelle, die ich selbst bei Tageslicht spüren kann.

DER KREIS SCHLIESST SICH Gut einen Kilometer von der Meinolfuskapelle und dem Erbbegräbnis der Mallinckrodts entfernt – an derselben Landstraße – befindet sich das Gut Böddeken, eine ehemalige Klosteranlage

Hat Gottes Sohn ein schützendes Auge auf die traurige weiße Dame?

und bis auf die imposante Ruine der Klosterkirche nicht lost. Dieses Kloster wurde vom Namensgeber der Kapelle und später heiliggesprochenen Meinolf 837 als Frauenstift gegründet. Und auch hierzu gibt es eine kleine Legende: Meinolf hatte an der Stelle, an der das Kloster errichtet wurde, einen Hirsch mit einem Kreuz zwischen dem Geweih erblickt – für ihn ein von Gott gesandtes Zeichen, um eben genau dort den Grundstein zu diesem Bau zu legen. Am Torhaus findet sich eine Darstellung von Meinolf und dem Hirsch. Anfang des 15. Jahrhunderts wurde aus dem Damenstift ein Augustinerkloster, eines der einflussreichsten in Deutschland. Zu Beginn des 19. Jahrhunderts lösten die Preußen im Zuge der Säkularisierung das Kloster auf; Böddeken gehörte fortan dem Fiskus. Zwischenzeitlich ein Gutshof, wurde es verkauft und kam 1822 in die Hände der Familie Mallinckrodt, die es auch heute noch besitzt. Die Ruine der Klosterkirche erinnert an die klerikale Zeit. Die Kirche wurde im Zuge der Säkularisierung zerstört und nie wieder aufgebaut. Die Meinolfuskapelle im Tal des Friedens hingegen, die ebenfalls lange Zeit als Ruine in dieser Einsamkeit gestanden hatte, ließen die Mallinckrodts 1856 neu errichten.

Unterwegs in der Umgebung

Heute ist Gut Böddeken ein Internat. Die imposante Ruine der ehemaligen Klosterkirche, deren Säulen sich wie ein offener Brustkorb in die Höhe recken, ist aber von der Straße sehr gut zu sehen. Im Tal des Friedens, etwa 400 Meter südwestlich der Meinolfuskapelle, reihen sich zudem Hunderte von schlichten weißen Steinkreuzen in regelmäßigen Abständen aneinander und stechen, so weit das Auge reicht, aus dem grünen Rasen hervor: der Soldatenfriedhof Böddeken.

Schon seit dem 19. Jahrhundert eine Ruine inmitten der prachtvollen Hofanlage

3

PEINLICHES GERICHT!

Der Hexenkeller auf Burg Ringelstein

Die attraktive Burgruine auf der Harth war Schauplatz exzessiver Hexenverfolgungen: Unbescholtene Frauen und Männer wurden der schwarzen Magie bezichtigt und starben einen qualvollen Tod.

Adresse Harthberg 16, 33142 Büren-Harth, Kreis Paderborn **GPS** 51.50242, 8.57463
Anfahrt Mit dem Auto von Büren über die L637 bis Almetal, dann Richtung Schützenhalle Harth orientieren oder auf dem Wanderparkplatz Ringelstein parken und zu Fuß hochlaufen; mit dem Bus nach Büren-Ringelstein, Haltestelle Eichenweg

Durch puren Zufall kam die vergessene Geschichte von unfassbarer Qual auf diesem Burggelände wieder ans Licht.

Die starre Fessel erlaubte weder Bewegung noch Gegenwehr.

DAS FRÜHJAHR 1631 Der 27. März 1631war das Sterbedatum von Lisa Tutken. An diesem Donnerstag wurde die Frau zusammen mit neun anderen Menschen auf dem Scheiterhaufen verbrannt. Sechs Tage zuvor hatte ihre Tortur begonnen. Der Vorwurf: Sie habe sich der schwarzen Magie bemächtigt, um Leid über ihren Nachbarn zu bringen.

DIE LISTE IST LANG Die zehn zum Tode Verurteilten an diesem späten Märztag reihen sich ein in eine lange Liste an vermeintlichen Hexen und Zauberern, die in Ringelstein verdächtigt, eingesperrt, gefoltert und schließlich zum Tode verurteilt wurden. Allein zwischen März und April 1631 wurden nach erfolgtem Prozess auf der Gerichtsstätte Ringelstein 55 Menschen auf dem zuständigen Richtplatz etwas nördlich des Dorfes Barkhausen hingerichtet, fast alle verbrannten auf dem Scheiterhaufen. Eine gewisse »Begnadigung« erfuhren nur ganz wenige – die erst elfjährige Elseke Rintelers war eine davon und ihr Alter der Grund: Sie wurde vorher enthauptet.

NEID UND MISSGUNST Der Glaube an Hexen, Zauberer, den Teufel war in der frühen Neuzeit allgegenwärtig und erlebte im Bürener Land in den Unruhen des Dreißigjährigen Krieges zwischen 1630 und 1631 einen Höhepunkt. Die Menschen waren zermürbt vom andauernden Hunger und Elend. Seuchen und Krankheiten setzten der Bevölkerung zu, hervorgerufen durch die Schrecken des Krieges und die Missernten der Kleinen Eiszeit. Es herrschte Verzweiflung, aber auch Neid und Missgunst. Schwarze Magie war eine schlüssige Antwort für alles, was schieflief, und Schuldige waren schnell gefunden. Um als Hexe entlarvt zu werden, brauchte es nicht viel: ein lahmendes Pferd, eine vergiftete Kuh, ein krankes Kind, einen Blitz über einem Feld … Gründe gab es genug.

DAS »PEINLICHE« GERICHT War man ins Visier geraten, war es auch schon zu spät. Man wurde abgeholt und eingekerkert. Der ganze Prozess folgte der Hexenprozessordnung von 1607 und der *Constitutio Criminalis Carolina*, der »Peinlichen Gerichtsordnung« aus dem Jahr 1532, wobei »Pein« im Sinne von »Schmerz« wörtlich zu nehmen war. Demnach bekamen Angeklagte zwar die Chance, die Anklagepunkte zu entkräften und ihre Unschuld zu bezeugen, aber das war in den meisten Fällen aufgrund der absurden Beweisführung unmöglich. Dann begann der eigentliche »peinliche« Prozess mithilfe der *tortur* (Folter). Angefangen mit Rutenschlägen, folgten Arm- oder Beinschrauben und dann das Aufziehen. Dazu wurden die Arme hinter dem Rücken zusammengebunden und die Person an den verdrehten Armen aufge-

↑ Im stockfinsteren Kerkerloch warteten vermeintliche Hexen auf ihren Prozess.
↗ Originalruine oder künstliche? Wenn man genau schaut, sieht man's.

hängt. Die meisten kapitulierten spätestens hier, denn die »peinliche Befragung« kannte noch viele weit schlimmere Foltermethoden, die nicht selten selbst schon zum Tod führten. Kinder durften ab 14 Jahren einem solchen Gericht unterzogen werden. Aber auch hier gab es Ausnahmen, wie der Fall der elfjährigen Elseke Rintelers zeigt. Laut Akte wurde sie dem Peinlichen Gericht vorgeführt; man muss davon ausgehen, dass sie trotz ihres jungen Alters gefoltert wurde.

TEUFELSPAKT Ein erzwungenes Geständnis beinhaltete immer bestimmte Punkte und war in den meisten Fällen bereits vorformuliert. Es berichtete davon, dass jemand der vermeintlichen Hexe das Zaubern beigebracht habe und sie Gott daraufhin verleugnete. Als Nächstes ging die Beschuldigte ein sexuelles Verhältnis (eine Buhlschaft) mit einem merkwürdigen Mann ein, der ihr anschließend ein Kraut oder eine Tinktur aushändigte, mit dem/der sie Unheil – welcher Art auch immer – über ihre Nächsten bringen konnte. Schließlich tanzte die Hexe mit ihresgleichen auf dem Hexensabbat. Diese Geschichte wurde mit leichten Variationen ausgeschmückt: Mal hatte der Teufel Klauen, mal ritt er auf einer halben Ziege oder die Hexe auf einem Besen. Oft hieß er Hans Federwisch und war ganz in Schwarz gekleidet. Besonders perfide war, dass die vermeintliche Hexe immer durch Folter dazu gezwungen wurde, ihre angeblichen Lehrmeister zu denunzieren. Oft nannte sie Verwandte, die dann ebenfalls inhaftiert und derselben Folter unterzogen wurden. Im Endeffekt beschuldigten sich alle gegenseitig – und das genügte als rechtskräftiger Beweis.

DIE DOPPELTE RUINE Sieht man die Ruine derart malerisch auf dem Bergsporn thronen und blickt durch das Fenster im Südwesten auf den Ringelsteiner Wald und das Almetal, sind diese grausamen Vorgänge nur schwer vorstellbar. Erbaut wurde die Burg von den Edelherren zu Büren. Erstmals erwähnt wird sie 1399. Es gibt aller-

Durch das »Tor zum Sauerland« fällt der Blick über das Almetal.

dings Hinweise, dass der Sporn bereits wesentlich früher besiedelt gewesen war. Im 17. Jahrhundert wird die Burg zur berüchtigten Gerichtsstätte der Hexenverfolgungen. Erst nach einem Brand um 1800, der die Anlage komplett verwüstete, wird es still um Ringelstein. Die kläglichen Überreste der Burg fielen in einen 100-jährigen Dornröschenschlaf – nur einmal, 1899, kurzzeitig unterbrochen, als der Fabrikbesitzer Wilhelm Kleine das gesamte Gelände aufkaufte, einen Park mit künstlicher Ruine über die eigentliche Ruine setzte und damit den romantischen Nerv seiner Zeit traf. Die nun doppelte Ruine fiel aber bereits nach kurzer Zeit abermals in einen tiefen Schlaf, der die entsetzliche Vergangenheit vergessen und Gras im wahrsten Sinne des Wortes über das Gelände wachsen ließ.

STUMME ZEUGEN Erst im 20. Jahrhundert geriet Burg Ringelstein wieder in den Fokus – das Gelände gehörte mittlerweile der Gemeinde Harth. Ende der 1970er-Jahre wurde zufällig ein Hohlraum unter dem Rasen entdeckt, der sich als Gewölbekeller entpuppte. Die Grabungen, die mit Unterstützung von Archäologen stattfanden, bestätigten eindeutige Spuren von Folter und Qual – und der Name »Hexenkeller« war schnell im Umlauf. Anfang der 2000er-Jahre folgten weitere Grabungen, bei denen man neben weiteren Gewölbekellern die Überreste eines Wehrturms und unterirdische Gänge fand.

Kellerführungen

Die Ruine Ringelstein ist frei zugänglich. Wer den ehemaligen Hexenkeller besichtigen möchte, kann das im Rahmen einer Führung tun (Anmeldungen per E-Mail unter kultur@bueren.de). Und wer dem Besuch eine längere Wanderung folgen lassen möchte, kann den Berg entlang eines Baumlehrpfads hinunterwandern bis zum Parkplatz Ringelstein, wo ein weiterer Lost Place auf Besucher wartet (siehe Seite 14 ff.).

Das Leiberger Pestkreuz ist eines der wenigen noch sehr gut erhaltenen in Deutschland.

4

SCHWARZER TOD

Der Pestfriedhof im Wald

Er kam still und heimlich über Nacht nach Leiberg – unsichtbar und doch so tödlich. Nur sieben Menschen überlebten den Besuch eines Bettelmönchs in der Stadt.

Adresse Leiberger Wald, 33181 Bad Wünnenberg-Leiberg, Kreis Paderborn **GPS** 51.499664, 8.658360 **Anfahrt** Mit dem Auto über die B480 bis Leiberg, über den Nollenweg bis zum Wanderparkplatz; mit dem Bus von Bad Wünnenberg bis Nollenweg, von dort noch knapp 3 km zu Fuß

EUROPA ZITTERT Der Schwarze Tod hatte sich im Mittelalter wie ein Tsunami über Europa ausgebreitet und alles mit sich gerissen, was er greifen konnte. Nach der ersten heftigen Welle im 14. Jahrhundert blieben Angst und Schrecken. Viele Jahre später, der noch tosende Dreißigjährige Krieg (1618–1648) und die Kleine Eiszeit hatten mit Hungersnöten und Elend einen Nährboden für Krankheiten und Seuchen hervorgerufen, war die Pest wieder da. Erneut breitete die Seuche ihren grausamen Mantel des Todes über die Region aus.

DER BETTELMÖNCH Im August 1635 war auch Leiberg bei Wünnenberg an der Reihe. Das Grauen kam über Nacht – und sehr konkret in Gestalt eines Bettelmönches. Der Geistliche hatte – seinem Stand gemäß – nicht viel bei sich. Aber das, was er unter seiner Kutte verborgen im Leib trug, sollte fast das ganze Dorf auslöschen. Von Warburg soll er gekommen sein. Ob er weiterziehen wollte und nur ein Bett für die Nacht im kleinen Leiberg gesucht hatte? Wahrscheinlich. Diese eine Nacht jedenfalls reichte, um eine verheerende Kettenreaktion in Gang zu setzen. Aderlass, Essigwasser, natürlich Gebete – doch nichts schien zu helfen.

GEWEIHTE ERDE Rasch, rasch – keine Zeit verlieren, die Toten mussten unter die Erde! Jede Sekunde, die gewartet wurde, bedeutete noch mehr Gefahr für die Lebenden und noch mehr Tote. Der Friedhof in Wünnenberg, zu dessen Pfarrei Leiberg gehörte, war

An derselben Stelle, wo heute dieses Holzkreuz steht, befand sich einst eine Kapelle.

Im Eisernen Buch kann man die Geschichte des Pestfriedhofs nachlesen.

für die Leiberger unerreichbar – die Wünnenberger hatten sicherheitshalber die Stadttore verriegelt, ihre Angst vor der Seuche war nicht unbegründet. Wohin aber mit denen, die die Pest bereits dahingerafft hatte? Zumal eine Grabstätte, der christlichen Tradition folgend, in geweihter Erde gefunden werden musste. Die Leiberger hatten Glück im Unglück. Unweit ihres Dorfes gab es im Wald eine Wüstung: Fornholte. Die mittelalterliche Siedlung war schon im 14. Jahrhundert wüst gefallen. Doch am Ort hatte es auch eine Kapelle gegeben, ein hohes Holzkreuz markiert die Stelle. Hier wurde nun hastig eine Gruße ausgehoben. So konnten die Toten zwar ohne große Zeremonie, aber immerhin in geweihter Erde bestattet werden. Der Tischler Lubbert Schomaker, so heißt es, hatte alle Hände voll zu tun: 400 Holzkisten soll er innerhalb der wenigen Tage, in denen der Schwarze Tod unerbittlich zuschlug, zusammengezimmert haben. Dann, noch bevor der Monat um war, am 24. August 1635, dem Bartholomäusfest, war es vorbei. Gott erhörte endlich die Gebete der Leiberger Gemeinde. Der Schwarze Tod hatte im Dorf seinen Hunger gestillt. Er ließ sieben Überlebende zurück und zog weiter.

DIE LETZTE RUHESTÄTTE Es ist eine eigenartige Atmosphäre, die einem kalte Schauer über den Rücken laufen lässt, wenn man diesen grabesstillen Ort besucht. Ganz versteckt, abseits des Weges, kündet ein schmaler Sandstein vom heute kaum noch zu fassenden Grauen. Es ist nicht ganz sicher, ob das schlichte Pestkreuz aus Sandstein wirklich aus dem 17. Jahrhundert stammt. Es mag deutlich älter und die Inschrift nachträglich angebracht sein. Aber es erinnert an die schrecklichen Tage während des Dreißigjährigen Krieges, an denen die Pest den kleinen Ort Leiberg beinahe vollständig ausgelöscht hätte: »Anno 1635 den 25. Gvsti hat vns Got die Pestilens gesant. Wie mangem ist bekannt sint vom Dorf Leberg 400 Menschen gestorben denen Got die Selikit erworben. Amen.«

In Erinnerung

An zwei Feiertagen erinnert Leiberg an die schreckliche Zeit der Pestepidemie: Jedes Jahr zu Pfingsten mahnt eine Prozession an die Gnadenlosigkeit des Schwarzen Todes, der die Leiberger so unerbittlich heimgesucht hat. Sie startet an der Pfarrkirche Sankt Agatha und führt zum drei Kilometer entfernten einsamen Pestkreuz im Wald. Und auch der 24. August wird in Leiberg als Feiertag zu Ehren des heiligen Bartholomäus begangen.

400 Särge soll Lubbert Schomaker in wenigen Tagen gezimmert haben. Einer davon war für seine Frau.

5

SCHANDFLECK

Die »Spermaburg« in Bad Driburg

Ein Hochhaus zieht seit Jahrzehnten zwielichtige Gestalten an wie Motten das Licht – und man munkelt, auch verstorbene Seelen seien von diesem Ort ganz angetan.

Adresse Sulburgring 11, 33014 Bad Driburg, Kreis Höxter
GPS 51.727027, 9.028165 **Anfahrt** Mit dem Auto über die B64 bis Bad Driburg; mit der Bahn bis Bad Driburg Bahnhof, von dort zu Fuß durch die Katzohlbachaue

Was für die einen ein Schandfleck, ist für andere eine Traumimmobilie. Beste Lage gilt in diesem Fall für beide.

IMMENSES MASS DER ZERSTÖRUNG

Kaum ein Fenster, das nicht in irgendeiner Weise beschädigt ist. Teilweise strecken sich riesige Glasfragmente ins Nichts, andere hängen bizarr in den Angeln, fast wie dadaistische Kunstwerke. Die meisten Fenster aber sind einfach nur noch leere Höhlen oder mit Brettern vernagelt. Müll umrahmt das Gebäude wie eine Gartenhecke. Ob hier abgelegt oder aus dem Fenster geworfen, wer weiß das schon so ganz genau. Was kaputt gemacht werden konnte, wurde hier zerschlagen – und das ist quasi alles, was an einem Haus nicht niet- und nagelfest ist. In den beiden oberen Stockwerken dagegen gedeiht neues Leben: Ein Birkenwäldchen hat sich sein Terrain erobert und reckt vor Leben strotzend kraftvoll die weißen Arme in den Himmel. Als ich mich dem leer stehenden achtstöckigen Klotz nähere, schlägt mir schon von Weitem ein übler, moderiger Geruch entgegen, denn: Dieses Haus steht nicht erst seit gestern leer. Seit nunmehr über zwanzig Jahren ist das Ungetüm inmitten aufgeräumter Siedlungshäuser verlassen … zum Ärger der Stadt und vor allem der Anwohner.

Der Putz bröckelt, aber das Gebäude ist nicht so gebrechlich, wie es einigen lieb wäre.

BRODELNDE GERÜCHTEKÜCHE Seinen schlechten Ruf bekam das Gebäude aber lange schon, bevor es zum Lost Place wurde. Illegale Prostitution, Drogen, Kriminalität sind früh eingezogen und sorgten schnell dafür, dass das damals noch junge Gebäude im Volksmund unter dem Namen »Spermaburg« zweifelhafte Berühmtheit erlangt hat. Die Gerüchteküche um das Hochhaus aus den frühen 1970er-Jahren kann jedenfalls reichlich auftischen: 64 Wohnungen verteilen sich auf acht Stockwerke. Sie sind klein, haben ein oder zwei Zimmer. Die Größe der Wohnungen, die Block-Anonymität und bestimmt auch die Nähe zum Bahnhof machten das Haus zu einem idealen Ort für Kurzzeitvermietung. Und so wurden viele der kleinen Wohnungen zur Prostitution genutzt. Mit dem horizontalen Gewerbe zogen zeitgleich Gewalt und Drogen ein. Ein Junkie, der sich im Gebäude den Golden Schuss setzte, soll nicht der einzige Tote gewesen sein. Es gibt Gerüchte über suizidale Sprünge vom Dach. Eine Frau soll angezündet worden sein. Überhaupt stand das Haus nicht nur einmal in Flammen. Über die Toten findet man wenig bis nichts Offizielles. Stattdessen brodelt die Gerüchteküche: Ein Teenager soll tagelang in einem der Dachverschläge vom eigenen Vater eingeschlossen gewesen und schließlich von einer Nachbarin befreit worden sein. Bei lautstarken Auseinandersetzungen sollen Fernseher in hohen Bögen von Balkonen geflogen sein. Doch nach der Jahrtausendwende schienen die wilden Zeiten vorbei, das Haus wurde zusehends leerer. 2004 waren alle weg. Nun kamen neue Gerüchte auf: Es soll spuken. Waren es die Seelen der Verstorbenen, die nicht gehen konnten? Der neue Gruselfaktor und der alte, wenig schmeichelhafte Name jedenfalls machten nächtliche Besuche in dem malträtierten Haus zur willkommenen Mutprobe unter Jugendlichen. Wie man sich vorstellen kann, nicht gerade zur Begeisterung der Anwohner, Eltern und der Stadt.

KEIN LEICHTES UNTERFANGEN Der betonierte Schandfleck wurde zum Politikum, auch unter dem Aspekt, dass das Grundstück, mit rund 4000 Quadratmetern zentral in der Innenstadt gelegen, ein attraktives Pflaster für Wohnraum bieten würde. Die berechtigte Frage lautet deshalb: Warum steht ein Haus in bester Lage seit Jahrzehnten leer und gammelt vor sich hin? Der Grund ist so simpel wie die Problemlösung schwer: Es kann weder verkauft noch abgerissen werden, da es dazu das Einverständnis der Eigentümer bräuchte. Die an einen Tisch zu bringen, ist das Problem: Sie sind verstorben, verschollen, aus welchen Gründen auch immer nicht greifbar. Es sollen sogar noch Hypotheken auf einigen Wohnungen liegen. Das macht das Fingerheben für Mitverantwortlichkeit wenig attraktiv. Doch damit die Stadt aktiv werden kann, müssen alle Eigentümer einem Verkauf oder einer Sanierung zustimmen. Und davor müssen sie erst alle gefunden werden …

Auf dem Dach in einem Verschlag soll ein Vater sein Kind eingesperrt haben. Die neuen Bewohner stört das nicht.

Der Eingang ist die Visitenkarte des Hauses: Diese hier bräuchte etwas Renovierung.

DES EINEN LEID, DES ANDEREN FREUD

Auch wenn sich am Haus schon ein paar Platten gelöst haben und Fenster geborsten sind: Stahlbeton ist bekanntermaßen ziemlich stabil. So einfach verrotten wird deshalb zumindest das Gerüst der Immobilie wohl eher nicht. Und egal, ob Abriss oder Sanierung, es würde vor allem eines: teuer. Vermutlich wird die »Burg« deshalb also noch ein paar Jährchen stehen bleiben. Worüber sich der eine ärgert, das freut den anderen. Zumindest für eine Familie ist das Hochhaus nämlich eine Traumimmobilie: In der obersten Etage hat, inmitten des hübschen Birkenwäldchens, eine Falkenfamilie ein neues Domizil gefunden, es sich häuslich eingerichtet und genießt nun das exklusive Penthouse-Wohnen mit grandiosem Panoramablick über Bad Driburg.

Wohltuender Kontrast

Als Kontrastprogramm zum muffigen Schandfleck kann man in dem beschaulichen Kurstädtchen Bad Driburg ganz gut die Seele baumeln lassen. Zum Beispiel bei einem Spaziergang im Gräflichen Park, einem wunderschönen, duftenden Landschaftsgarten nach englischem Vorbild mit diversen Themengärten, der als Mitglied im Europäischen Gartennetzwerk auch mehrfach hoch dekoriert wurde. Der Eintritt ist kostenpflichtig. Wer dagegen weiter an verlassenen Orten unterwegs sein möchte: Die Ruine Iburg vis-à-vis ist nur eine kurze Wanderung entfernt. Und hoch oben auf dem Berg hat man vom Aussichtspunkt der Sachsenklause auch einen guten Panoramablick auf die »Spermaburg«.

Blick von der niedersächsischen auf die ostwestfälische Seite:
Einst war die Brücke zweigleisig.

6

ABGEFAHREN

Die Kennedy-Brücke zwischen Godelheim und Boffzen

Die Fertigstellung hatte er verpasst. Sein Tod aber machte ihn unsterblich und gab dem imposanten Bauwerk über der Weser seinen (inoffiziellen) Namen.

Adresse Zwischen 37671 Godelheim, Kreis Höxter, und 37691 Boffzen, Niedersachsen **GPS** 51.735922, 9.381688 (Mitte der Brücke) **Anfahrt** Mit dem Auto über die B64 bis Godelheim (NRW); mit der Bahn bis Höxter-Godelheim; dann zu Fuß über die Altendorfer Straße bis zum Weser-Radweg; am besten mit dem Rad entlang des Weser-Radweges, dann bei Höxter auf der niedersächsischen Seite zurück

KENNEDYS ERMORDUNG 21 Tage, bevor die Eisenbahnbrücke bereit war, wieder ihren Zweck zu erfüllen, kurz bevor die Lücke innerhalb der knapp 50 Kilometer langen Schienenstrecke zwischen Holzminden im heutigen Niedersachsen und Scherfede im heutigen Ostwestfalen-Lippe geschlossen wurde, geschah das Unglück. Der junge Kennedy hatte seinen Auftrag vollendet. Er war verantwortlich gewesen für den zweigleisigen Wiederaufbau der Fürstenberg-Brücke, die im April 1945 durch deutsche Truppen gesprengt worden war. Den Glanz der neuen Brücke erlebte Kennedy jedoch nicht mehr. Am 17. Juni 1946 starb er mit gerade einmal 28 Jahren in der Nähe von Düren durch eine explodierende Mine. Es soll Mord gewesen sein, wird gemunkelt. Wahrscheinlicher ist aber, dass es einfach ein tragischer Unfall gewesen ist.

J. L. K. Bei dem Namen Kennedy denkt man unweigerlich an J. F. K. Doch hier soll nicht die Rede vom 35. Präsidenten der USA sein, sondern von einem Namensvetter: J. L. K. – Captain James Latimer Kennedy, geboren am 30. Oktober 1917 in Kingston, Jamaika, seines Zeichens Ingenieur bei den britischen Streitkräften in Ostwestfalen. Denn es ist sein Name, den die restaurierte Kennedy-Brücke fortan trägt. Zwar nicht wirklich offiziell, aber kaum einer kennt das Bauwerk anders. Der Name des ursprünglichen Erbauers ist längst in Vergessenheit geraten.

JOSEF STÜBBEN Dabei war der eigentliche Baumeister beileibe kein Unbekannter. Der Architekt und Stadtplaner Josef Stübben hat besonders in Köln an einigen bekannten Bauwerken seine Handschrift hinterlassen, grundlegende Schriften zum Städtebau verfasst und war hochdekoriert mit Auszeichnungen und Preisen. Vor fast 150 Jahren wurde Stübben von der Bergisch-Märkischen Eisenbahn-Gesellschaft und der Oberen Ruhrtalbahn für den Brückenbau an der geplanten Verbindungsstrecke zwischen Scherfede und Holzminden verpflichtet. Ziel dieser neuen Strecke war, unabhängig von der Preußischen Staatsbahn mit einem Privatbahnnetz vom Rhein bis an die Spree rollen zu können. Es existierte damals bereits eine Bahnstrecke, die Altenbeken mit Kreiensen verband. Außerdem war eine weitere Strecke der Oberen Ruhrtalbahn im Sauerland fast fertig. Was fehlte, war eine Verbindung zwischen diesen beiden Strecken. Die neue Verknüpfung sollte von Scherfede durch die Warburger Börde bis nach Beverungen und weiter nach Holzminden führen: 49 Kilometer lang.

ZURÜCK ZU DEN ANFÄNGEN Die Obere Ruhrtalbahn war noch nicht ganz fertiggestellt, als 1872 schon die Arbeiten an der Scherfede–Holzminden-Verbindung began-

Noch sichtbar: ein fast schon komplett überwucherter Zeitzeuge

nen. Der Reise gen Osten stand nichts im Weg. Die größte bautechnische Herausforderung war die 250 Meter lange Brücke, die das Königreich Preußen mit dem Herzogtum Braunschweig verbinden sollte. Vier Jahre später, am 15. Oktober 1876, rollte der erste Kohlenzug über die Weser. Es dauerte nicht lange, dann folgten luxuriöse Reisezüge, mit denen die feine Gesellschaft von Berlin bis nach Paris oder ins belgische Ostende fahren konnte. Um 1882 gingen die Eisenbahnstrecken der Bergisch-Märkischen Eisenbahn-Gesellschaft an die Preußische Staatsbahn über. Aufgrund mangelnder Nachfrage wurden erst einmal keine Fernreisezüge mehr eingesetzt. Erst mit zunehmendem Verkehrsaufkommen nach 1900 erschien die Strecke wieder attraktiv, und die bislang eingleisige Strecke wurde nun zweigleisig ausgebaut.

DIE BRITEN KOMMEN Als im April 1945 die Amerikaner kamen, sprengte die deutsche Wehrmacht die Weser-Brücke – und nicht nur diese. Die Engländer unter der Leitung von Captain Kennedy rekonstruierten die Brücke zweigleisig. Schon im September 1946 rollten wieder Waggons über die Weser – für die Briten eine wichtige Einnahmequelle, denn sie verlangten Zollgebühr pro Achsenpaar. Knapp 40 Jahre später kam dann das Aus für die gesamte Strecke Scherfede–Holzminden. 1984 wurde der

Unter einem Brückenbogen auf der niedersächsischen Seite steht das Denkmal für Kennedy.

Personenverkehr beendet, während die Strecke bis 1992 weiter für den Transport von Truppenfahrzeugen der NATO genutzt wurde. Bis 2001 befuhr zudem eine Kartonfirma noch ein kurzes Teilstück von vier Kilometern; über die Brücke rollte da aber schon lange kein Waggon mehr.

NUR EIN HALBES DENKMAL Ein kleiner Urwald hat sich inzwischen durch das Gleiskorsett einen Weg in den Himmel erobert. Stellenweise sieht man die Schienen kaum noch. Ein Kilometerstein verrät aber eindeutig, wo man sich befindet. Hat man sich erst einmal durch den Dschungel gekämpft, steht man plötzlich auf der Brücke, tief unten und

Es lässt sich nicht leugnen, dass hier mal Züge fuhren.

weit gestreckt die Weser. Nur ein Gleis führt über die Brücke, von der ehemaligen Zweigleisigkeit ist nichts zu sehen. Wann der Rückbau erfolgte und warum, bleibt ungewiss. Die niedersächsische Seite bis zur Mitte der Weser steht übrigens unter Denkmalschutz – und Kennedys Gedenkstein dort unter dem ersten Brückenbogen. Die Natur kümmert das alles nicht. Sie wuchert hier genauso wie auf ostwestfälischem Terrain.

Mit dem Rad zu Woodstock an der Weser

Links und rechts der Weser verlaufen gemütliche Radwege, die Höxter und Beverungen miteinander verbinden. Einen Ausflug zur Brücke unternimmt man deshalb am besten mit dem Rad. Ein ganz besonderes Highlight findet im Sommer statt: Woodstock an der Weser. Seit 2016 gibt es auf der niedersächsischen Seite unter der Kennedybrücke das Lichtalben-Festival – drei Tage Bands, DJs, Kunst und Kultur (www.lichtalben.de).

7

QUADRATISCH, PRAKTISCH, GUT!

Das Studentenwohnheim in Höxter

Rein ins Studentenleben, rein in die eigene Bude – auch wenn sie winzig und optisch gewöhnungsbedürftig war. Was zählte, war die Freiheit!

Adresse Louis-Vlotho-Straße 4, 37671 Höxter, Kreis Höxter
GPS 51.76970, 9.37058 **Anfahrt** Mit dem Auto über die B64 oder B239 bis Höxter; mit der Bahn bis Höxter Bahnhof

Gemütlicher Filmabend ganz einfach: Auf den Balkon kam ein Projektor, und der Film wurde an die Wand gegenüber geworfen.

Obligatorischer Einrichtungsgegenstand: Ein Kicker durfte in keinem Wohnheim fehlen.

LEBEN IM SCHUHKARTON Die Bildungsreform machte es möglich, dass in den 1960er-Jahren die Hochschulen plötzlich für alle offen waren. Und mit dem Zuwachs an den Universitäten und Hochschulen wuchs auch der enorme Bedarf an Wohnraum. Überall und schnell schossen deshalb in allen größeren Städten Wohnheime in die Höhe, um die Flut an neuen Studenten beherbergen zu können – nicht hübsch, aber funktionell: ein schuhkartongroßes möbliertes Zimmer mit schmalem Bett und Schreibtisch, braunem Pressholzschrank und auf dem Boden ein unempfindlicher, schreiend-greller Teppich, der einen modernen Menschen, der Instagram-verwöhnt fast ausschließlich Interieurs in Taupe und Weiß kennt, schwindelig zurücklassen würde. Ein eigenes Waschbecken passte gerade noch hinter die Tür. So hatte immerhin die eigene Zahnbürste Privatsphäre, denn Küche, Toilette und Bad mussten gemeinschaftlich genutzt werden. Wahrlich kein Palast, aber so sahen die Studentenbuden damals eben aus. Und das war okay, denn was wirklich zählte, waren Austausch, Kommunikation und Gemeinschaft. Die Identifikation mit dem Studienfach war stark, die Fächerwahl frei, man hatte große Ideale, und die wurden diskutiert.

HIGHLIFE So war das auch in dem großen Klotz in der Louis-Vlotho-Straße. In den Gemeinschaftsräumen des sechsgeschossigen Gebäudes spielte sich das Leben ab. Hier wurde gekocht, getrunken und nächtelang gequatscht. Relikte von früheren Zeiten finden sich noch an jeder Ecke: Im Garten stehen ein Kicker und ein steinerner Grill, durchs Fenster sieht man eine Tischtennisplatte. »Früher war hier viel los«, ertönt von hinter dem Busch plötzlich eine sonore Stimme, die mich aus der Erinnerung an vergangene Studentenzeiten reißt. Der Mann zeigt auf die große weiße Wand des Nachbarhauses. »Wir haben da oben vom Balkon mit einem Projektor Filme an die Hauswand geworfen. Schön war das«, schwärmt er. »Der olle Klotz ist doch heute nur noch ein Träger für die Mobilfunkstation. Deshalb wird er

↑ Die Türen sind schon seit etlichen Jahren fest verschlossen.
↗ Nicht mehr lange, und das ganze Haus wird von Lianen verschlungen.

nicht abgerissen.« Damit hat er wahrscheinlich nicht ganz unrecht.

MEHR ANSPRÜCHE, WENIGER ZEIT

Hoch ragt das verwaiste Wohnheim inmitten der Wohnsiedlung in den grauen Himmel. Ein orange-gelber Vorhang flattert einsam im Wind aus einem der oberen Stockwerke, viele der Fenster sind verbarrikadiert, ein muffiger Geruch schlägt mir entgegen. Über eine Dekade steht das klotzige, 1964 erbaute Studentenwohnheim, so nahe an der Technischen Hochschule OWL, nun schon leer. 2010 meldete die Eigentümerin, die Gemeinnützige Studenten-Wohnheim GmbH, Insolvenz an, und der letzte Mieter zog aus. Probleme, Mieter für die 77 kleinen Zimmerchen zu finden, gab es aber schon lange davor. Die Auslastung soll zum Schluss nicht mal mehr 50 Prozent betragen haben. Die Vermutung, dass es an dem fehlenden Komfort gelegen habe, scheint plausibel. Das Studium hatte sich geändert – so viel Zeit für Diskussionen gab es nicht mehr, und ein Gemeinschaftsklo war eben auch nicht mehr so richtig en vogue. Die Kinder der 1990er hatten ganz andere Ansprüche. 2015 wollte die Stadt das

Ein Blick durchs Fenster zeigt letzte Relikte von Geselligkeit im Gemeinschaftsraum.

Gebäude erwerben, sanieren und so umbauen, dass 90 Asylsuchende aufgenommen werden könnten. Doch aus diesen Plänen war nichts geworden – die Gegenwehr der Anwohner war zu groß gewesen, die Stadt zog sich zurück.

SCHICKE PLÄNE Das Grundstück gehört einer Stiftung und das Wohnheim seit einigen Jahren dem Sohn des Vorsitzenden eben jener Stiftung. Der neue Besitzer möchte die 77 Schuhkartons in 50 schicke Appartements umwandeln, die dem Zeitgeist entsprechend mit eigenem Bad und Kochnische ausgestattet sind. Wann es losgeht, steht in den Sternen. Vorerst flattert der Vorhang weiter in den Himmel.

Ab zum Strand!

Weniger als einen Kilometer entfernt liegt der feine Nordstrand des Godelheimer Sees. Hier kann man gechillt mit echtem Beachfeeling den muffigen Geruch des gerade besuchten Lost Place abwaschen. In den Sommermonaten also unbedingt die Badehose einpacken.

Geschichten aus dem Künstlerleben erzählt das imposante Fresko an der Fachwerkfassade.

8

LANDLUST

Die Künstlerklause in Schwalenberg

Wer um 1900 konnte, floh aus dem dampfenden Großstadtmoloch Berlin zur Sommerfrische aufs Land. Inmitten malerischer Natur tankte man Inspiration und genoss Austausch und Zerstreuung.

Adresse Alte Torstraße 32, Schieder-Schwalenberg, Kreis Lippe
GPS 51.87664, 9.19829 **Anfahrt** Mit dem Auto bis Parkplatz Schwalenberger Markt; mit dem Bus bis Schwalenberg Oekerberg

ZU SCHÖN, UM »LOST« ZU SEIN Unterhalb der gleichnamigen Burg schmiegt sich ein Dorf in die Landschaft – malerisch im wahrsten Sinne des Wortes, denn Schwalenberg ist ein Künstlerdorf. Streift man durch die Altstadt, fallen sofort die märchenhaften Fachwerkhäuser auf. Ganz besonders eines aber sticht zwischen all den Schönheiten hervor. Die prachtvolle Fassade zwingt zum Stehenbleiben, um das die gesamte Front bedeckende Fresko zu bewundern. Das soll ein Lost Place sein? Man mag es kaum glauben. Denn weil von außen faszinierend schön, sieht man erst auf den zweiten Blick, dass innen das Leben fehlt. Seit fast 40 Jahren schon steht die Künstlerklause leer; umso erstaunlicher ihr Zustand …

ENTWICKLUNG ZUR MALERKOLONIE

Ende des 19., Anfang des 20. Jahrhunderts wurde es in den großen Metropolen populär, aufs Land zu reisen: raus aus dem Mief der lauten und überquellenden Großstadt, rein in die Natur. Ganz besonders in Künstlerkreisen galt es als mondän, chic und inspirierend, bewaffnet mit Sonnenhut und Skizzenblock oder Staffelei in die Sommerfrische zu fahren. Besonders Malerinnen und Maler aus Berlin und dessen Umland zog es an verschlafene Orte, wo richtige Künstlerkolonien entstanden. So ein stilles Nest war Schwalenberg, bevor 1906 drei Maler, die sich im nahen Bad Pyrmont einquartiert hatten, auf einer Wanderung durch den Ort kamen. Die beiden Akademiestudenten Hans Bruch und Berthold Ehrenwerth und den Landschafts- und Genremaler Albert Kiekebusch, der damals schon einen gewissen Bekanntheitsgrad erlangt hatte, quälten Hunger und Durst. Also suchten sie im beschaulichen Schwalenberg nach einem Gasthof, von denen damals in dem kleinen Dorf kaum welche zu finden waren. Im »Gasthof Meier«, einem einfachen Wirtshaus mit schlichtem, aber solidem Angebot, kehrten sie schließlich ein, stärkten sich und bekamen sogar ein Bett für die Nacht. Dieser Hof Meier beherbergte seit etwa 1800 ein Gasthaus, in dem Kaufleute mit ihren Fuhrwerken Station machten. Während die Handeltreibenden oft für ein paar Tage Quartier bezogen und sich an einfachen Mahlzeiten laben konnten, wurden ihre Pferde versorgt und bei Bedarf das Wagenrad repariert. Der Hof selbst ist aber noch viel älter, wahrscheinlich aus dem Jahr 1700. Schnaps wurde hier gebrannt, bevor man das Haus zur Wirtschaft umwandelte. Nach dem Tod des Wirts Karl Meier im Jahr 1900 hei-

Dass Balken und Mauern Anfang der 2000er-Jahre erneuert wurden, ist für Mutter Natur nur eine kleine Herausforderung.

Der Rückseite des Hauses fehlt der farbenfrohe Anstrich.

Auch die Eingangstür zum Gastraum ist kunstvoll gestaltet.

ratete dessen Witwe Sophie erneut: Und Ehemann Nummer zwei, Hermann Niederbracht, brachte neben einer guten Nase fürs Geschäft auch ein ausgesprochenes Interesse an Kunst und Musik mit.

SPIEGEL DES KÜNSTLERLEBENS Dass die drei Berliner in ihrer nächsten Sommerfrische wiederkommen würden, war fast Gesetz. Und nicht nur sie … Die drei rührten in ihren Künstlerkreisen zu Hause kräftig die Werbetrommel für das kleine Dorf und den Gasthof im Fürstentum Lippe. Also wurde die Gaststätte voll und von Jahr zu Jahr populärer. Als 1920 der Berliner Maler und Kunstlehrer Hans Licht nicht nur Malerutensilien, sondern gleich seine 40-köpfige Malschule mitbrachte, bekam das Gasthaus den Namen, der nun besser zur neuen Stammkundschaft passte: »Künstlerklause«. Und um dem Namen alle Ehre zu erweisen, zauberte zehn Jahre später der Maler Friedrich Eicke das beeindruckende Fresko an die Frontfassade, das das Haus optisch heute noch so einzigartig macht.

FAST SCHON EIN MUSEUM Auch im Innenraum blieb kaum ein Fleckchen Wand kunstbefreit. Das kam nicht von ungefähr: War einer der Künstler klamm bei Kasse, fand der weitsichtige Wirt eine angemessene Zahlungsmethode: Er nahm ein Bild als Währung. Immer mehr Originale zierten so die Wände der beliebten Klause. In den 1980er-Jahren glich der Schankraum denn auch eher einem Museum. Die Kunstwerke spiegeln die Landschaft in und um Schwalenberg wider und erzählen vom Leben in der Malerkolonie.

ES GIBT HOFFNUNG Als der Inhaber 1985 starb, ging das Kapitel Künstlerklause zu Ende. Seitdem steht das Haus leer. Anfang der 2000er-Jahre fand sich zumindest ein

Ob hier wohl irgendwann wieder Menschen in fröhlicher Runde sitzen, lachen und trinken werden?

Käufer. Dieser machte sich mit einigem Elan daran, das Haus wieder instand zu setzen. Er entkernte es, zog neue Mauern ein, tauschte marode Balken aus und krönte alles mit einem neuen Dach. Nur die alte Tenne mit Biergarten hinter dem Haus war wohl schon zu marode, um sie wieder in Schuss zu setzen, also ließ er sie abreißen. Die eindrucksvolle Freskenmalerei an der Fassade wurde hingegen aufwendig aufgefrischt. Aber er fand weder Käufer noch Pächter – und gab schließlich auf. Das halb restaurierte Haus verfiel in einen tiefen Dämmerschlaf. Die Schwalenberger selbst wollten »ihre Klause«, den Kern der Malerkolonie, erhalten. Eine Bürgerstiftung versuchte allerdings vergebens, den Landesverband zum Kauf zu bewegen – zu teuer das Ganze. Also schlief die Klause weiter, und den meisten Schwalenbergern blutete das Herz. Aktuell (Stand: August 2023) scheint es aber, als könnte die Geschichte für dieses wunderschöne Haus doch noch gut ausgehen. Bald schon, so heißt es, sollen die Umbauarbeiten beginnen. Die Fassade steht unter Denkmalschutz – man darf also hoffen, dass dieses Schmuckstück in Kürze nicht mehr »lost« sein wird und trotzdem seinen Charme behält, den es sich über all die Jahre bewahrt hat.

Kunst an jeder Ecke

Ein Gang durch die Altstadt bis hinauf zur Burg Schwalenberg ist ein Muss. Allein schon, um das prächtige Rathaus, ein Musterbeispiel der Weser-Renaissance, zu bewundern. Kunst gibt es in Schwalenberg nach wie vor an jeder Ecke. Und wer die alten Künstlerbücher der Künstlerklause einsehen will, kann sie im Internet (www.malerkolonie-schwalenberg.de/) durchblättern.

9

AUSZUG

Das verschwundene Sennedorf Haustenbeck

Abrupt und unwiderruflich beendete ein Befehl das aufstrebende idyllische Leben eines Dorfes weitab vom Schuss – inmitten einer kargen, aber lieb gewonnenen Landschaft.

Adresse Truppenübungsplatz Haustenbecker Straße, 33189 Oesterholz-Haustenbeck, Schlangen, Kreis Lippe **GPS** 51.836316, 8.773732
Anfahrt Mit dem Auto oder Rad von Augustdorf aus über die Haustenbecker Straße (direkter Weg zur Ruine)

Die 1685 eingeweihte evangelische Kirche Haustenbeck war der Mittelpunkt des Dorfes.

KARGE SCHÖNHEIT Die Senne zwischen Schlangen und Augustdorf ist eine karge, unwirtliche Landschaft. Wenig gedeiht hier, was der Mensch ernten könnte. Es brauchte also schon einen kleinen Anreiz – oder Verzweiflung –, um in dieser trockenen Einöde ein permanentes Lager aufschlagen zu wollen. Dass hier ein schönes Dorf entstanden war, musste also einen triftigen Grund haben. Und so ist es auch: Dort, in der unwirtlichen Landschaft, wo das Hochstift Paderborn und das Fürstentum Lippe aneinandergrenzten und ein Handelsweg entlanglief, wünschte Hermann Adolf Graf und Edler Herr zu Lippe eine Grenzstation zu etablieren. Er legte deshalb 1659 den Grundstein für sein »Lippisches Neues Dorf«, Haustenbeck. Doch sagen wir mal so: Umsiedlungswillige haben ihm nicht gerade die Tür eingerannt. Ackerbau war schwierig, weil der karge Senneboden viel zu trocken war. Um eine Ansiedlung dennoch interessant zu machen, erhielten Wagemutige einen Anreiz in Form einer einige Jahre währenden Steuerbefreiung. Das zog. Der Graf fand ein paar Siedlungswillige, und es bildete sich ein hübscher Dorfkern. Die Bauern versuchten es mit anspruchslosen Getreidesorten wie Roggen und Buchweizen und lebten von der Schafzucht. Die robusten Tiere waren genügsam und gaben sich mit den Kräutern der Senne zufrieden. Eine Kirche wurde 1685 eingeweiht und komplettierte die freundliche Idylle aus Häusern mit weit nach unten gezogenen Dächern und kleinen, von adretten Holzlattenzäunen gesäumten Gärten. Alte Fotografien, auf denen Menschen mit stolzen Gesichtern vor ihren Häusern posieren, lassen ein glückliches Dorf erahnen.

WIDERSTAND ZWECKLOS Etwas mehr als 1300 Menschen lebten in dem schmucken Dorfkern und einigen weit verstreut liegenden Höfen am Rande der Westfälischen

Der Haustenbecker Turm: stattliche 41,5 Meter und mit einer Sirene ausgestattet

Bucht, als 1939 der Befehl kam, Haustenbeck zu räumen. Das Dorf lag nämlich nicht nur im Grenzgebiet, sondern noch dazu zwischen zwei Truppenübungsplätzen. Und diese sollten zu einem großen zusammengefasst werden. Der Unwille der Bevölkerung, ihr Dorf zu verlassen, war verständlicherweise groß. Vieles wurde versucht, um das Dorfleben zu erhalten … vergebens. Im Herbst desselben Jahres waren viele Familien schon weg; sie hatten ihre Siebensachen gepackt und begonnen, woanders ein neues Leben aufzubauen. Andere, die keine neue Bleibe gefunden hatten, wurden in die sogenannte Randsiedlung umgesiedelt. Ende November 1939 wurde gemeinsam Abschied genommen. Am Totensonntag kamen die Haustenbecker in ihrer Kirche zusammen. Wie üblich, hatten die Frauen alle Kerzen angezündet, hatten die Männer ihre Zigarren auf die kleine Kirchmauer gelegt, um sie nach der Messe wieder aufzunehmen und weiterzurauchen. Pastor Hans Held las die letzte Messe in der kleinen, lieb gewonnenen Dorfkirche. Wehmut mischte sich mit der dicken Weihrauchluft und ließ Herzen schwer werden. Alles Kämpfen für den Erhalt des Dorfes war vergeblich gewesen. Ein Haus

Entlang der schnurgeraden Haustenbecker Allee zeugen Ruinen vom einstigen Dorfleben.

nach dem anderen stand seelenlos in der Gegend, um Schuss für Schuss niederzusinken.

WAS ÜBRIG BLIEB Nur noch die Ruine der Kirche und ein paar Mauerreste der Brücke über den Haustenbeckbach zeugen vom einstigen Sennedorf. Weiter entlang der schnurgeraden Allee sieht man links und rechts vereinzelt auch Ruinen der ehedem schmucken Häuser; an wenigen Stellen lassen sich eine Tür oder ein Fenster erahnen. Hier und da erinnert auch ein prall gefüllter Obstbaum an vergangene Sommertage in gehegten Gärten. Ein paar wertvolle Reste der Kirche haben zudem ein neues Zuhause gefunden: Die Stifterfenster, Spenden reicher Kaufleute, die im 17. Jahrhundert durch das Dorf gezogen sind, haben einen Platz im Lippischen Landesmuseum in Detmold erhalten. Und die ehemalige Kanzel ist in der evangelischen Kirche in Donop untergekommen.

EIN INTAKTER TURM Etwas abseits des ehemaligen Dorfkerns fällt schon von Weitem ein gut erhaltener Turm ins Auge: der Haustenbecker Turm. Dass er völlig intakt ist, hat einen einfachen Grund: Er gehörte gar nicht zum Dorf, sondern wurde erst ein Jahr nach der Evakuierung gebaut, um die Schießübungen auf den neuen Schießbahnen im Blick zu haben. Die verliefen schließlich durchs ehemalige Dorf hindurch. Mit über 40 Metern hatte man aus der luftigen Höhe eine gute Übersicht über die flache Sennelandschaft. Seine auffällig schlanke Form hat er übrigens von einem berühmten Vorbild – dem Kirchturm der St. Kilian-Kirche in Brenken (einem Stadtteil von Büren), der hier nachgeahmt wurde.

PARADIESISCHE ZUSTÄNDE Gewinnerin der Wüstung ist Mutter Natur. Hier gilt, was generell für militärische Sperrgebiete gilt: Da, wo der Mensch sich nicht mehr ausbreiten darf und irgendetwas zersiedeln kann, bekommen gefährdete Tiere und Pflanzen ein geschütztes Habitat. Das bleibt nicht ohne Konsequenzen: Das Sperrgebiet gehört zu den schönsten Sennelandschaften, mit Wäldchen, Tälern, Dünen und natürlich im Spätsommer der rot-violett blühenden Heide. Orange-gelbe Farbtupfer der rostigen, zerschossenen Panzerhaubitzen verschmelzen fast malerisch mit der spröden Schönheit der Landschaft. Allerdings erinnert alle paar Meter ein Schild daran, den befestigten Weg nicht zu verlassen, so sehr Wald und Heide links und rechts einen auch locken mögen. Damit der militärischen Anweisung auch Folge geleistet wird, patrouillieren Ranger, die bei Nichtbeachtung weder Spaß verstehen noch zimperlich agieren. Aber wer mag auch schon gern ein Bein als Souvenir zurücklassen?

Termine beachten!

Der Truppenübungsplatz ist normalerweise für Zivilisten nicht passierbar. Einige Male im Jahr wird der Schlagbaum aber geliftet. Die Termine, an denen auf ausgewiesenen Wegen die Schranken geöffnet sind, findet man auf der Website (bfgnet.de/sennelager-range-access.html). Kurz vor der Anreise unbedingt prüfen, ob der Termin noch tagesaktuell ist; das kann sich auf militärischem Gebiet schnell mal ändern. Am besten erkundet man alles per Rad, mit dem Auto darf man nämlich nirgendwo halten. Und wer sich doch mal abseits des Weges bewegen möchte: Der NABU bietet ein paar Mal im Jahr geführte Touren (Buchungen über bs-paderborn-senne.de).

Eine Nahansicht der fast mit der Heidelandschaft verschmolzenen Panzerhaubitzen ist strengstens verboten.

Von farbenprächtiger Kinderanimation fehlt jede Spur.
Vielleicht hört man noch was, wenn man die Augen schließt?

10

KNUSPER, KNUSPER, KNÄUSCHEN

Der Märchenwald in Berlebeck

Video killed the Fairy-Tale-Star? Vom schleichenden, aber unaufhaltsamen Tod einer heiß geliebten Sommerattraktion.

Adresse Im Märchengrund, 32760 Detmold-Berlebeck, Kreis Lippe
GPS 51.88803, 8.86911 **Anfahrt** Mit dem Auto von Detmold über die Paderborner Straße, parken Im Hoffeld; mit dem Bus bis Detmold-Berlebeck Im Märchengrund

AUFBRUCH INS ABENTEUER Die ganze Familie wurde am Sonntag in den kleinen graubeigefarbenen Käfer gequetscht und brauste auf der A2 in Richtung Berlebeck. Zum Märchenwald. Ich erinnere mich noch sehr genau an das erste Mal, allein schon deshalb, weil ich als Kleinste der Familie die ganze Fahrt auf der Gepäckablage im vollgestopften VW Käfer liegen und dabei den Wackeldackel in der Hand halten durfte.

OSTWESTFÄLISCH-LIPPISCHES DISNEYLAND Der Märchenwald in Berlebeck, das war das Disneyland meiner Kindheit. Alle meine Helden, von denen »Omma« mir abends aus dem dicken Märchenbuch vorgelesen hatte, wurden hier lebendig. Sie erzählten ihre Geschichten in kleinen Parzellen – abgeschlossenen kleinen Welten mit zahlreichen Details. Einige Figuren konnten sich sogar bewegen, kamen auf fast unsichtbaren Schienen aus einem Knusperhäuschen gefahren. Das Fernsehprogramm hingegen bestand in den 1970er-Jahren aus gerade mal drei Programmen, und so waren wir nicht die einzige Familie, für die am Wochenende oder in den Sommerferien der Ausflug in diese magische Welt ein absolutes Highlight war. Der Märchenwald lockte zu seinen Hochzeiten Zehntausende an.

WONDERWORLD Die wundersame, aufregende Welt wurde von Margret und Hans-Jürgen Pilling erschaffen. Insgesamt gab es zwölf Märchenparzellen und jede Menge Attraktionen am Seitenrand: einen Streichelzoo, ferngesteuerte Boote und einen riesigen Pilz, der eigentlich ein Kiosk war, an dem man Kaffee und Kuchen kaufen konnte. Für die Kinder gab es Apfelsaft. An kleinen Ti-

Ob an diesem Brunnenrand eine Königstochter einst weinend nach ihrer goldenen Kugel gesucht hat?

schen mit Schirmchen zum Schutz vor der Sonne, rund um die Wasserorgel, einen Springbrunnen, konnte man allerlei Leckereien gemütlich verspeisen. Bei Tanzabenden an lauen Sommerabenden kamen sich die Erwachsenen näher. Und mittendrin thronte eine riesige Rutschbahn, die für ein kleines Kind so hoch war, dass ich nicht die Einzige war, die sich nicht runtergetraut hatte – damals. Schade eigentlich. Doch nicht nur in den Märchenparzellen, auch auf dem Gelände selbst fanden sich Figuren an allen möglichen Ecken und erheiterten die großen und kleinen Gäste. Dort wurden nicht nur Märchen nachgestellt, sondern auch historische Ereignisse, etwa die Varusschlacht, die man damals noch im Teutoburger Wald vermutet hatte. Allein dafür kämpften weit über 100 römische und germanische Steinfiguren miteinander. Sie waren in Handarbeit in einer eigenen kleinen Werkstatt direkt auf dem Gelände entstanden. Nach dem aufregenden Tag wurden alle wieder in den Käfer gestopft. Und von dem Erlebnis wurde lange noch gezehrt.

DAS ENDE 1983 war Schluss, und das Gelände wurde zum Naturschutzgebiet erklärt. Schon einige Jahre zuvor hatte das Ehepaar Pilling die Anlage mit allen Figuren verkauft. Ob der Grund für die endgültige Schließung zu kostspielige Renovierungen gewesen waren? Schließlich bekamen Märchenparks in den 1980er-Jahren ordentlich Konkurrenz durch neue Freizeitattraktionen. Videos zum Beispiel wurden ein enorm populärer Zeitvertreib. Vielleicht stimmte nicht nur die Aussage »Video killed the Radiostar«? Vielleicht waren auch Märchenfiguren und kleine Ruderbötchen außerstande, gegenüber dem stetig wachsenden Medienangebot attraktiv zu bleiben? So einen Park zu modernisieren, damit auch die nächsten Generationen an Kindern begeistert sind, braucht ja vor allem eines: sehr viel Geld.

DIE TRAURIGEN RESTE Wenig ist übrig geblieben von dem bunten Angebot: Die alte Treppe, die den Hang hinaufführte, ist noch da, bedeckt von einem dichten Teppich aus Moosen und Flechten – und sehr bröckelig. Eine Art Brunnen schimmert türkisblau durch die Blätter, die den Rand bedecken. Wer da wohl mal drinsaß? Der Froschkönig? Immerhin der Name der Straße, die zum ehemaligen Parkplatz führt, erinnert noch an die fantastische Vergangenheit »Im Märchengrund«.

In kleinen Parzellen hatten die Märchenfiguren ihren Auftritt.

Die Top Four

Der Märchenwald gehörte einst zur Crème de la Crème der Touristenattraktionen und war eine der Top Four der Region – ein ebensolcher Publikumsmagnet wie die Externsteine, das Hermannsdenkmal und die Adlerwarte Berlebeck. Letztgenannte ist vom Märchenwald fußläufig erreichbar. Zu den Externsteinen und zum Hermannsdenkmal wandert man über den Hermannsweg, einen der schönsten Fernwanderwege Deutschlands.

Ein Ausflug in den Märchenwald trainierte auch die Waden recht ordentlich.

11

EINE FRAGE DES MASSSTABS

Der Kulturpark Windhöhe zwischen Vahlhausen und Brüntrup

Es war einmal ein Ort, der 8000 Jahre Kulturgeschichte, von der Steinzeit bis zur Gegenwart, auf zauberhafte Weise erlebbar machte. Heute ist er vergessen.

Adresse Vahlhauser Straße, 3282 Blomberg, Kreis Lippe **GPS** 51.94755, 8.980311
Anfahrt Mit dem Auto von Detmold aus über die B239, Abfahrt Vahlhausen, etwa auf der Hälfte zwischen Brüntrup und Vahlhausen gelegen; mit dem Bus 777 von Blomberg oder Detmold bis Haltestelle Flötepfeife

Ein Höhepunkt der osmanischen Architektur: die Moschee des Sultans Selim II. – als einziges Bauwerk fast komplett erhalten

VERBORGENE SCHÄTZE Wer es nicht weiß, braust mit dem Auto einfach dran vorbei. Ahnt nichts von dem fantastischen Kleinod, das zu seiner Blütezeit Tausende Menschen in Erstaunen und Entzücken versetzen konnte. Dabei ist es nur ein knappes halbes Jahrhundert her, da tauchten neugierige Entdecker hier im Zeitraffer in die Kultur- und Baugeschichte der Menschheit ein: eine magische Zeitreise von der Steinzeit bis zum Ende des 20. Jahrhunderts.

WIE ALLES ANFING Es war ein Wunderland, das der gebürtige Dresdener Hermann Stephan auf seinem Grundstück auf der Windhöhe zwischen Vahlhausen und Brüntrup mit seinem Miniaturpark geschaffen hatte. Ursprünglich war er Besitzer einer Spielzeugfabrik gewesen. Als er diese um 1950 durch unglückliche Umstände verlor – und mit ihr sein ganzes Vermögen –, schlug das Schicksal zeitgleich erbarmungslos ein zweites Mal zu. Auf einer seiner vielen Reisen, die er als junger Mann unternommen hatte, hatte er sich eine Tropenkrankheit eingefangen, die nun, Jahre später, zu erheblichen körperlichen Beschwerden führte und wohl auch Ursache für eine Epilepsie war. Seine Familie unterstützte ihn, so gut sie konnte, und legte mit einem Geschenk eher zufällig den Grundstein zu dem, was sein Lebenswerk werden sollte: 1952 hielt ein Hühnerpärchen Einzug bei Familie Stephan und benötigte natürlich einen Stall. So entstand das erste Miniaturhaus.

DETAILGETREU Die Hühnerzucht lief gut; Stephan etablierte sich als Züchter zig verschiedener Rassen. Und mit jedem weiteren Hühnerpaar kam auch ein Bauwerk dazu. Sein Park wuchs, zog Bewunderer an und erhielt schließlich einen Namen: »Liliputstadt Märchenland«. In akribischer Detailverliebtheit hatte Stephan Stunde um Stunde und

Auch ostwestfälische Fachwerkkunst wurde in einem Modell gewürdigt.

wohl so manch schlaflose Nacht an seinen Häuschen gefeilt und jede Kleinigkeit sorgfältigst modelliert – so lange, bis alles ein Ebenbild des Originals war. Vorbilder für die Objekte, die er schuf, waren Bauwerke aus der ganzen Welt: der Tadsch Mahal, die Moschee Selimiye, der Mondtempel des Gottes Sin, ein japanisches Teehaus, eine holländische Windmühle, aber auch einfache Fachwerkhäuser aus Ostwestfalen-Lippe. Sein Interesse für Architektur und fremde Kulturen fiel nicht vom blauen Himmel. Als junger Mann hatte er viel von der Welt gesehen, kannte wahrscheinlich einiges im Original, was später in seinem Park als Replik seinen Platz fand. Sein hoher Anspruch an die akkurate und maßstabsgetreue Nachbildung der Modelle verlangte nach Vorlagen, die er in der Detmolder Landesbibliothek bekam. Nach aufwendigen Recherchen und Berechnungen fertige er seine Modelle schließlich im Maßstab 1:5, 1:10 oder 1:20. Alle Bauten, alle Figuren, die Mechanik, mit der er einige der nachgestellten Szenen zum Leben erweckte, all dies fertigte er in Handarbeit. Oft wurde er unterstützt von seinem Sohn Fried-

Einst der Eingang in eine geheimnisvolle Welt, heute notdürftig von Brettern zusammengehalten

helm. Gemeinsam machten sie Skizzen, errechneten Maße, damit hinterher alles perfekt zusammenpasste. Im Laufe der Zeit wurden Stephans Werke und vor allem die Ausschmückung des gesamten Ambientes immer anspruchsvoller. Es entstanden eigene kleine Welten. Figuren kamen dazu, die historische Szenen nachspielten. Teilweise stattete er sie mit einer Mechanik aus, damit sie auf Knopfdruck beweglich wurden.

STEINE IM WEG Der Park war beliebt. An schönen Tagen kamen Busladungen voller Besucher. In den 1960er-Jahren erweiterte Stephan die Anlage um einen kleinen Kiosk mit Sitzgelegenheit. Mehrfach versuchte er, eine Förderung für sein Miniaturland zu erhalten, denn leben konnte er von den Eintrittsgeldern nicht. Er wünschte sich eine Zusammenarbeit mit dem Schulministerium – Wandertage für Schulklassen war eine Idee –, also nannte er den Park um in »Kulturpark Windhöhe«. Aber alle Anträge wurden abgelehnt. Mal waren die sanitären Anlagen nicht ausreichend, mal ein Antrag formal falsch gestellt. Es war ein zermürbendes Behörden-Pingpong. Stephan ließ sich nicht beirren. Und baute weiter bis zum Schluss.

DIEBSTAHL UND VANDALISMUS Als Hermann Stephan Anfang der 1980er-Jahre starb, bedeutete das auch das Ende des Kulturparks. Seine Familie konnte den Park nicht weiterführen. Sie stellte zwar noch ein letztes Mal einen Förderantrag, um das Werk zu erhalten. Aber auch diesmal scheiterte sie. Kaum aber war der Park geschlossen, wurde innerhalb kürzester Zeit eine große Anzahl an Figuren und kleineren Bauwerken gestohlen und vieles dabei mutwillig zerstört. Nur sehr wenige der liebevoll erstellten Figuren konnten gerettet werden. Der heute deutlich sichtbare Verfall rührt also weniger von Mutter Natur als von Menschenhand. Inzwischen ist aus dem zauberhaften Gelände mit seinen fast 2500 Figuren und diversen Miniaturen ein fast unzugänglicher Dschungel geworden. Die wenigen Gebäudeteile, die noch vorhanden sind, stützen sich selbst nur noch notdürftig aufeinander oder werden von kreuz und quer wachsenden Ästen mehr schlecht als recht aufrechterhalten. Allein die Moschee Selimiye trotzt seit über 40 Jahren standhaft Wind, Wetter und Vandalen.

ZUTRITT VERBOTEN Weder Stachel- noch Maschendraht oder dichte Brombeerranken konnte in der Vergangenheit die Zerstörer abhalten. Der Inhaber bittet deshalb eindringlich darum, das Grundstück nicht zu betreten, allein schon, weil mittlerweile ein Wandeln im ehemaligen Park aufgrund der vielen Trümmer zu gefährlich wäre. In der kalten Jahreszeit, wenn die Bäume und Sträucher ihr Laub verloren haben, kann man aber viele Details vom Zaun aus entdecken und die Pracht und Detailverliebtheit, die die Werke von Hermann Stephan einst ausgemacht haben, erahnen.

Highlight Externsteine

Brüntrup liegt in unmittelbarer Nachbarschaft zweier Highlights des Teutoburger Waldes: der Externsteine in Horn Bad Meinberg und des Hermannsdenkmals in Detmold. Beide sind nur ca. 15 Kilometer entfernt. Zwischen beiden gibt es zudem einen weiteren Lost Place (siehe Seite 52 ff.) zu entdecken.

Von der einstigen Schönheit des liebevoll angelegten Parks ist kaum etwas geblieben.

In besseren Zeiten leuchteten prächtige Blumenkübel in jedem Fenster. Hinter dem Balkon befindet sich das Treppenhaus.

12

DRAUSSEN NUR KÄNNCHEN

Das »Bellevue« in Lemgo

Vom Zollhaus zum gemütlichen Kaffeegarten: Das Lokal am Hang war ein beliebtes Ausflugsziel an der ersten »Kunststraße« zur Hansestadt Lemgo.

Adresse Hamelner Straße 140, 32567 Lemgo, Kreis Lippe **GPS** 52.026173; 8.940469
Anfahrt Mit dem Auto über die B66 von Lemgo in Richtung Barntrup; mit dem Bus 700 von Lemgo bis Bellevue

VERBLASSTER GLANZ Unscheinbar und einsam steht das ehemals florierende Ausflugslokal an der brausenden Bundesstraße. Ein zerbrochenes Schild hängt unter dem kleinen Balkon, der fragil und trist als ansonsten einziger Schmuck über der Tür thront. Es lässt erahnen, dass hier mal mehr los war und das Haus eine farbenprächtigere Zeit kannte. »Horlacher Gasthof Bell« lässt sich auf der Leuchtreklame noch entziffern. »Bellevue« stand da einst – die »schöne Aussicht«. Sie ist im wahrsten Sinne des Wortes zerbrochen.

CHAUSSEEGELD Die viel befahrene B66 führt eng am Haus entlang. Als Fußgänger muss man aufpassen, nicht überfahren zu werden. Was aussieht wie eine gewöhnliche Bundesstraße, war aber mal etwas ganz Besonderes: die erste Chaussee nämlich, die die Hansestädte Lemgo und Hameln verband. Das französische Wort klingt für moderne Ohren etwas hochtrabend. Was soll man sich darunter vorstellen? Eine prachtvolle Straße, breit und ausladend? Ursprünglich bezeichnete der Begriff einfach nur eine künstlich befestigte Straße. Diese Art des Straßenbaus entstand im 18. Jahrhundert und war für die Verbindungswege zwischen wichtigen Handelszentren ein Segen, blieben die schweren Fuhrwerke nun nicht mehr im aufgeweichten Matsch oder in tiefen Furchen stecken. Im Deutschen wurde das französische *chaussée* dann mit dem heute etwas sonderbar klingenden Begriff »Kunststraße« übersetzt. Passt aber eigentlich sehr gut, denn genau das war sie ja: eine Straße, die künstlich erstellt worden war. Selbstverständlich war so ein Bau nicht ganz billig. Straßenbau ist teuer, damals wie heute. Um die Kosten wieder einzutreiben, baute die Stadt Lemgo 1803 vor den Toren der Stadt ein sogenanntes »Chausseehaus«, also eine Mautstelle, an der ein Passiergeld, das sogenannte »Chausseegeld«, abgegeben werden musste. Hier konnten aber auch die Pferde gewechselt werden. Leihpferde zogen die schweren Lasten den Berg hoch in die Stadt, und der Händler bekam auf dem Rückweg seine ausgeruhten Pferde zurück. Aber auch der war müde, hatte Durst und Hunger. Schnell merkte der Chausseegeldeintreiber, dass sich durch Darreichung von kleinen kulinarischen Stärkungen ein paar Groschen zusätzlich verdienen ließen. Und schon war der Grundstein für die Gastbewirtung gelegt.

WIN-WIN-SITUATION Der erste Pächter allerdings machte an dieser Stelle einen fatalen Fehler: Er hatte keine Schanklizenz eingeholt. Eine offizielle Gaststätte durfte deshalb erst sein Nachfolger betreiben. Ab diesem Zeitpunkt war die Kombination aus Mautgeld und Bewirtung natürlich eine Win-win-

Eine fehlende Holzplanke im Tor offenbart tiefe Einblicke.

Die Scheune im Garten brannte als Erstes.
Das Haupthaus war noch lange intakt.

Situation – und das noch bis ins Jahr 1896, denn so lange musste das Chausseegeld gezahlt werden. Erst dann blieb der Schlagbaum oben. Die Gaststätte aber hatte sich als Standbein etabliert und blieb. Im Laufe der Zeit wechselten die Pächter, bis die Familie Richter die Gaststätte samt Grundstück kaufte. Als Letztes übernahm 1904 schließlich Familie Horlacher das immer populärer werdende Ausflugslokal. Deren Tochter, Irmgard Horlacher, führte das Haus zum Schluss ganz alleine. »Puttchen«, wie sie von Stammgästen genannt wurde, stand bis Mitte der 1990er-Jahre hinterm Tresen. Seit ihrem Tod 1998 ist das Lokal geschlossen.

IM KAFFEEGARTEN Direkt gegenüber, auf der anderen Straßenseite, kann man – ganz zwischen rankendem Blattwerk versteckt und durch einen Maschendrahtzaun geschützt – noch ein schmiedeeisernes Tor erahnen. Dahinter befand sich der Kaffeegarten. Hier saßen die Gäste zwischen den hohen Bäumen gemütlich im lauen Lüftchen an Tischchen mit weißen Deckchen und genossen nachmittags ein Kännchen Kaffee mit Kuchen. Das ist heute kaum mehr vorstellbar, denn die jetzige Bundesstraße, die Kaffeegarten und Lokal trennt, ist so laut, so stark befahren und so schmal, dass es recht viel Fantasie benötigt, sich hier ein gemütliches Plätzchen vorzustellen. Sicherlich war es für das Servicepersonal eine anstrengende Bewirtung, die schmale Straße mit einem vollen Tablett zu queren, lebensgefährlich war es damals aber nicht. Natürlich blieb es nicht beim Servieren von Kaffeekännchen und Kuchen. Als weitere Attraktion im Gar-

Ansicht von Lemgo aus. Der zugemauerte Torbogen lässt erahnen, dass das Haus mal andere Funktionen als nur die einer Gaststätte hatte.

Im Kaffeegarten gegenüber kann von Gemütlichkeit keine Rede mehr sein.

ten lockte bald eine Kegelbahn. Heute kann man von der Straße aus noch die Holzhütte sehen, die den Gästen als Schutz und Überdachung diente.

BRANDSTIFTUNG Als Irmgard Horlacher starb, blieb das Haus einige Jahre genau so, wie sie es verlassen hatte: das Mobiliar, ihre Schuhe, sogar die Originalkasse für das ehemalige Chausseegeld – als wäre sie gerade nur mal eben außer Haus. Leider wurde immer wieder eingebrochen und im Laufe der Zeit viel zerstört. 2017 brannte die Scheune hinter dem Gasthaus, ein Jahr später das Gasthaus selbst. Brandstiftung. Nun ist der Gasthof nicht mehr betretbar, viel zu morsch sind die Balken. Aber durch einen Spalt in der Wand kann man einen Blick ins Innere erhaschen und noch einen Hauch des alten Charmes wahrnehmen. Und eine Art von Chausseegeld wird sporadisch dort auch noch von der Stadt kassiert. Sie stellt gerne mal einen Blitzer vor dem Haus auf.

Künstlerischer Liebesbeweis

Nur knapp 1,5 Kilometer entfernt in Richtung Lemgoer Innenstadt befindet sich ein mehr als sonderbares Haus, das unbedingt einen Besuch lohnt: das Junker-Haus. Hier hat der Künstler Karl Junker seiner großen Liebe ein Denkmal gesetzt. Tausende und Abertausende Schnitzereien innen und außen sollten seiner Herzallerliebsten ein wohliges Heim bieten. So faszinierend das aussieht, es hat auch etwas sehr Beklemmendes.

13

ZUFLUCHTSORT UND MUSENKUSS

Das Atelier in der Wistinghauser Schlucht

Einsam und gut versteckt am Fuße des Tönsberges, wurde ein einfacher Sandsteinkotten inmitten der kargen Weite der Sennelandschaft für den Maler Herbert Ebersbach ein Ort künstlerischer Inspiration.

Adresse Hambusch 30, 33813 Oerlinghausen, Kreis Lippe **GPS** 51.94483, 8.69841 **Anfahrt** Mit dem Auto bis zum Parkplatz Naturfreundehaus, Welschenweg, 33813 Oerlinghausen, von dort zu Fuß weiter, dann Piperweg bis zur Wegspinne Hermannsweg

Besonders viel hat der Abrissbagger nicht übrig gelassen.

MITTEN IM WALD Einer der bekanntesten Fernwanderwege Deutschlands, der Hermannsweg, verläuft quer durch die Wistinghauser Schlucht in Oerlinghausen. Abseits dieses Tourismusmagneten, ganz versteckt und ziemlich unscheinbar, führt ein unebener Pfad am Rand eines undurchdringbar scheinenden Waldes entlang. Der schmale Weg endet nach einer Biegung plötzlich auf einer kleinen Lichtung. Alte Fotos von dort zeigen eine pittoreske Sommeridylle: ein schmuckes, gemütliches Häuschen mit einem sonnigen Vorgarten, umrahmt von einer kleinen Sandsteinmauer. Bauernrosen lehnen entspannt an der hellen Sandsteinwand. Heute wirkt der Ort verlassen und düster. Lediglich die kleine Mauer ist noch erhalten; sie bildet einen Halbkreis, in deren Mitte einst der Maler Herbert Ebersbach lebte und arbeitete. Und nicht nur er …

Während von außen der Efeu schützend seine Arme ausgebreitet hatte, …

IM VISIER In Dresden zeichnete sich für Ebersbach in den 1930er-Jahren eine vielversprechende Karriere ab. Er hatte es in seiner Wahlheimat schon zu einiger Bekanntheit gebracht, als er ins Visier der Nazis geriet. Seine Kunst wurde als entartet eingestuft – und der Künstler im KZ Burg Hohnstein (Sachsen) interniert. Als er nach einem Jahr Gefangenschaft nach Hause zurückkehrte, musste er entsetzt feststellen, dass Mutter und Bruder sein gesamtes Werk in der Zwischenzeit vernichtet hatten: Etwa 100 Bilder waren in Flammen aufgegangen, nur sieben konnte Ebersbach retten.

FASZINIERT VON DER SENNE In Dresden hielt ihn nun nichts mehr. Er packte seine verbliebenen Bilder und zog nach Bielefeld. Hier lebten und arbeiteten Künstlerfreunde von ihm. Er fand eine Bleibe, konnte sich in der dortigen Kunstszene trotz großer Konkurrenz erneut einen Namen machen, heiratete, bekam drei Kinder. Und er entdeckte die Senne, die ihn sofort fesselte. Aber das Glück währte nicht lange. Die Werke von Ebersbach – wie die seiner schon damals weitaus berühmteren Kollegen Emil Nolde, Peter August Böckstiegel oder Hermann Stenner – wurden auch in Bielefeld zu entarteter Kunst erklärt und aus dem Kunsthaus entfernt. Von seiner Malerei konnte Ebersbach seine Familie nicht mehr ernähren und musste sich mit Gelegenheitsarbeiten durchschlagen. Immerhin: Er wurde kein zweites Mal inhaftiert. Später, 1957, erhielt er eine feste Anstellung als Kunstlehrer … und fand schließlich das Häuschen in der Wistinghauser Senne. Ungefähr ab 1960 fing Ebersbach an, den kleinen Kotten umzubauen. Etwa 22 Jahre, bis zu seinem Tod, nutzte der Maler diesen als Atelier. Es gab keinen Strom, keine Heizung, immerhin aber einen Kohleofen und fließendes Wasser, das aus der nahen Sachsenquelle genommen wurde. Hier, in der Einsamkeit, fand er Anregung für seine Kunst. In seinen Motiven spiegelt sich in leuchtenden Farben die Kargheit und Weite der Sennelandschaft: die gelben Sandböden, der tiefblaue Himmel und die fast glühende Heide.

↑ ... war das Innere dem Vandalismus schutzlos ausgeliefert.
↗ Vom einst romantischen Blumengarten war außen nichts mehr übrig.

DIE WISTINGHAUSER SCHLUCHT Ebersbach war jedoch nicht der einzige Bewohner des kleinen Kotten. Der Ort hat mehr zu erzählen: Lange vor ihm, etwa Mitte des 19. Jahrhunderts, wurde in der Wistinghauser Senne Sandstein abgebaut. In dieser Zeit entstand das Häuschen als Unterkunft für die Arbeiter im Steinbruch. Im Zweiten Weltkrieg zogen Zwangsarbeiterinnen aus Polen ein. Sie arbeiteten in der Landwirtschaft auf dem nahen Gut Wistinghausen, zu dem der Kotten auch gehörte. Dass sie das damals unwirtliche Häuschen als heimelig empfanden, darf stark bezweifelt werden. Aber man darf hoffen, dass sie hier vielleicht zumindest kurze Pausen unter sich hatten.

ZERSTÖRT Bis 2022 stand das gelbbraune Sandsteinhäuschen, wie einem Steven-King-Film entsprungen, über und über eingehüllt in dichte Efeuranken und umgeben von hohen, dicht stehenden Bäumen. Und leider auch übersät von den Spuren des Vandalismus. Ob diejenigen, die hier ihre zerstörerische Handschrift, alte Matratzen, Stühle, Fernseher und Metallschrott hinterlassen haben, wussten, wer an diesen Ort einst sein

Ob es sich unter diesem Konstrukt wohl gut schlafen ließ?

Herz verloren hatte? Vom ehemals liebevoll angelegten Bauerngarten war keine Spur mehr zu sehen. Und so wurde alles bis auf das halbrunde Mäuerchen abgerissen. Dennoch haftet dem stillen Ort der Charme eines Lost Place an. Da Ebersbach aber post mortem vor wenigen Jahren quasi neu entdeckt wurde, um endlich den kunstgeschichtlichen Platz einzunehmen, der ihm gebührt, könnte es sein, dass sein ehemaliger Rückzugsort eine neue Bedeutung bekommen und die Waldlichtung vielleicht – irgendwann – von einem Wanderzeichen geziert wird.

Das Werk Herbert Ebersbachs

Ca. 400 Werke hat Ebersbach in der Bielefelder Zeit geschaffen. Die meisten davon sind in dem kleinen Atelier in der Wistinghauser Senne entstanden. Das Peter-August-Böckstiegel-Museum in Werther zeigte im Jahr 2022 Ebersbachs Werke. Auch auf der Website sind einige davon zu bewundern (www.museumpab.de). Und nur wenige Schritte entfernt befindet sich ein weiterer Lost Place, den Sie sich unbedingt auch ansehen sollten (siehe Seite 70 ff.).

Das ursprüngliche, romanische Holzkreuz von 1548 steht heute in der Krypta des Paderborner Doms. Dieses hier wurde 1977 aufgestellt.

14

GEFANGENE SEELEN

Die Hünenkapelle auf dem Tönsberg

Mitten im Wald steht die Ruine eines Gotteshauses, um das sich zahlreiche Legenden ranken. Doch die Wahrheit liegt immer noch im Dunkeln.

Adresse Hambusch 1001, Welschenweg 11, 33813 Oerlinghausen, Kreis Lippe **GPS** 51.947165, 8.695620 **Anfahrt** Mit dem Auto bis zum Parkplatz Naturfreundehaus, zu Fuß weiter, dann Piperweg bis zur Wegspinne Hermannsweg; oder von Oerlinghausen zu Fuß über den Kammweg/Hermannsweg, dann über den Oerlinghauser Meditationsweg

EINSAM, MYSTERIÖS, SCHWER ERREICHBAR Viel ist über die kleine Kapelle nicht bekannt. Das meiste wird sowieso mehr vermutet als gewusst. Dafür ranken sich umso mehr Legenden um das kleine Gotteshaus. Aufgrund der verwendeten Steine und der dort gefundenen Steinmetzzeichen kann es – vorsichtig – ins Spätmittelalter datiert werden. Sicher ist das nicht, denn es finden sich keine Aufzeichnungen. Wer sie hat errichten lassen und zu welchem Zweck sie hier oben, schwer erreichbar, erbaut wurde, ist ebenfalls nicht verzeichnet. Gewidmet war die Kapelle dem heiligen Antonius, dem Schutzpatron der Einsiedler. Von Antonius abgeleitet ist auf jeden Fall der Name »Töns«, den der Berg trägt. Deshalb wird auch die Hünenkapelle manchmal »Tönskapelle« oder auch Antoniuskapelle genannt. Man munkelt, ein Einsiedler habe in der Kapelle gelebt. Angeblich habe er einen kleinen Raum im Dachgebälk bewohnt und sich um die Pflege der Kapelle gekümmert. Diese Behauptung steht allerdings auf äußerst unsicheren Füßen. Belege dafür finden sich nicht. Doch wenn auch der Zusammenhang unklar bleibt: Die Kapelle steht im Zentrum einer Wallanlage, inmitten der Reste einer alten Volksburg der Cherusker aus dem 4. Jahrhundert v. Chr. Und die Wallanlage ist noch sichtbar.

TRÜGERISCHE RUINE Was man sicher weiß: Die Ruine, wie sie dort märchenhaft verfallen auf dem Berg thront, ist nicht die Originalkapelle. Bis etwa Mitte des 16. Jahrhunderts fanden in der katholisch geprägten Region noch Wallfahrten zur Kapelle statt. Durch die Reformation in Lippe wurde sie zerstört und geriet dann in Vergessenheit. Ihre Steine wurden abgetragen. Sie kamen auf dem Gutshof weiter unten am Berg zum Einsatz. Wie unschwer zu vermuten, ist auch das hohe Holzkreuz, das den kleinen Raum dominiert, nicht das Original. Dieses wurde schon 1548 gesichert. Es hatte wunderbarerweise die damalige Zerstörung der Kapelle überstanden und befindet sich seitdem in der Krypta des Paderborner Doms. Das heutige Holzkreuz hingegen stammt aus dem Jahr 1977. Mitte des 19. Jahrhunderts baute man die Ruine aus den Resten der Originalsteine wieder auf, um genau jenes Bild zu präsentieren: eine märchenhafte Ruine.

EIN VERSTECK DER IRMINSUL? In den 1930er-Jahren kam ein weiteres Gerücht auf: Man hatte bei Grabungen an der Kapelle eine Mauer gefunden und vermutete nun, dass dahinter einst die Irminsul, das Heiligtum der Sachsen, versteckt worden sei. Demnach sei also die Kapelle nicht christlichen, sondern sächsisch-germanischen Ursprungs. Wenn man sich allerdings die Zeit anschaut, in der dieses Gerücht gestreut wurde, kann man schnell eins und eins zusammenzählen: Alles mit germanischem Ursprung passte gut zur damaligen Ideologie. Belegbar ist nämlich auch diese Behaup-

»Im Kreuz ist Heil [...]« ist ein Zitat von Thomas von Kempen.

tung nicht. Im Gegenteil, sie ist sogar ziemlich unwahrscheinlich. Überhaupt: Wo die Irminsul nicht schon überall vermutet wurde! Angeblich soll das sächsische Heiligtum im Jahr 772 vom Frankenkaiser Karl dem Großen zerstört worden sein. So zumindest steht es in den fränkischen Annalen. Was die Überbleibsel dieser Kapelle angeht, spricht jedoch alles komplett gegen Karl. Die Originalsteine weisen gotische Spuren auf – und damit müssen sie auf einige Jahrhunderte nach Karls Tod datiert werden. Und was das Versteck der Irminsul angeht, reiht sich die Hünenkapelle in eine ganze Reihe anderer Orte zwischen Teutoburger Wald und Eggegebirge ein: die Kammer hoch oben in den Externsteinen, die Iburg bei Bad Driburg, der Desenberg bei Warburg. Bei allen soll es sich um »das Versteck der Irminsul« handeln. Im Desenberg selbst soll der Frankenkaiser sogar noch mitsamt seinem Gefolge sitzen und auf einen günstigen Punkt für seine Wiederauferstehung warten.

DIE SEELEN DER VERSTORBENEN Ob nun Karl der Große der Erbauer der Kapelle war oder sich einfach nur des Öfteren auf den beschwerlichen Weg hoch auf den Tönsberg gemacht hat. Ob er, oben angekommen, allein Zwiegespräche mit Gott hielt, ob weitere Personen ihn begleitet haben – nichts davon ist belegbar. Dafür weiß der Volksmund aber ganz sicher etwas anderes: In Oerlinghausen erzählt man sich, dass niemand in der winzigen Kapelle je allein sei, denn es wohnten die Seelen Verstorbener im dachlosen Innenraum. Sie könnten die Kapelle nicht verlassen, seien auf ewig hier gefangen und verschafften sich in der Stille lautlos Gehör. Beunruhigenderweise solle es sich dabei nicht um Seelen von unbescholtenen Bürgern handeln. Da sie wohl einiges auf dem Kerbholz gehabt hatten, würden sie hier für immer und ewig zwischen den Welten festhängen. Im Innenraum vor dem Kreuz steht eine Bank. Wer Platz nimmt und in der Enge des offenen Raumes plötzlich das beklemmende Gefühl hat, nicht ganz allein zu sein, hat damit womöglich recht.

Spuren der Vergangenheit

Etwas weiter unten am Tönsberg befindet sich das Archäologische Freilichtmuseum Oerlinghausen. Hier kann man hautnah in die Siedlungsgeschichte von der Eiszeit bis ins Frühmittelalter eintauchen (www.afm-oerlinghausen.de). Von hier aus gibt es geführte Wanderungen zur Hünenkapelle. Ein weiterer Lost Place – ein ehemaliges Malerhaus bzw. was davon noch übrig ist – wartet weiter unten am Tönsberg (siehe Seite 66 ff.).

Es ist nicht nur der Wind, der einen hier frösteln lässt. Wer Platz nimmt, spürt eventuell einen leisen Hauch im Nacken.

15

WO IST DIE SCHÖNE KATHARINA?

Die historische »Kuhbrücke« in Kalletal

Sie war vermutlich ein Fluchtweg für Zwei- und Vierbeiner im Weser-Delta – und ist in Vollmondnächten mitunter ein Ort der Offenbarung für manch schwangere Frau.

Adresse Naturschutzgebiet am Beutebrink, 32689 Kalletal, Kreis Lippe **GPS** 52.17698, 8.98001 **Anfahrt** Mit dem Auto bis Parkplatz Schloss Varenholz, dann weiter zu Fuß die Straße Beutebrink in nördlicher Richtung, bis nach dem kreuzenden Wanderweg Herrengraben zwei Strommasten auftauchen; dort mitten hindurch ins Naturschutzgebiet

Im Anblick des dünn dahinfließenden Herrengrabens braucht man einiges an Fantasie, um sich hier ein Flussdelta vorzustellen.

ALLES IM FLUSS Der schmale Weg durch das Naturschutzgebiet Aberg-Herrengraben ist etwas abenteuerlich, um nicht zu sagen beschwerlich. Ich bin mehr als froh über feste Schuhe und lange Hosenbeine. Soll hier wirklich mal die Weser entlanggeflossen sein? Finde ich hier wirklich eine Brücke? Beides schwer vorstellbar. Und dann steht sie plötzlich da, mitten auf der Wiese: eine 60 Meter lange und etwa vier Meter breite Bruchsteinbrücke, die scheinbar Nichts und Nirgendwo miteinander verbindet.

EIN FLUCHTWEG Das war nicht immer so. Das ganze Gebiet südlich des heutigen Weser-Verlaufs war einst ein Flussdelta. In früheren Zeiten war der Herrengraben ein Nebenarm der Weser und floss sicher nicht nur als das dünne Bächlein, das er heute ist, durch die Landschaft. Da scheint eine Brücke schon sinnvoll. Nur, was hat die Brücke verbunden? Nicht ganz geklärt ist nämlich ihre Funktion. Regional eingeprägt hat sich der Name »Kuhbrücke«. Und das erklärt sich so: Im 18. Jahrhundert wurde das Weser-Delta auf diesem Abschnitt verlandet und diente als Weidefläche für Fleckvieh. Bei reichlich Niederschlag schwappte aber der Boden. Die Brücke diente dann als Rettungsweg, den die Kühe eigenständig zu nutzen wussten, um sich bei Hochwasser schnell auf direktem Weg in den heimischen Stall in Sicherheit zu bringen. Das scheint glaubhaft, Kühe wissen ja in der Regel, wo sie wohnen.

Ob am anderen Ende die schöne Katharina mit einem Geheimnis auf Sie wartet?

SPRUNGBRETT IN DIE WELT Sehr wahrscheinlich wurde die Brücke aber auch von diversen Fuhrwerken zur Überquerung genutzt. Ganz in der Nachbarschaft gab es nämlich bis Anfang des 19. Jahrhunderts hinein im Varenholtzer Nachbarort Erder einen durchaus bedeutenden Weser-Hafen. Insbesondere für den Handel mit Kaffee, Zucker und auch Fisch war der Standort Erder also eine wichtige Verbindung. Wäre es nach Fürstin Pauline zur Lippe gegangen, wäre der Weser-Hafen Erder noch weitaus bedeutender geworden. Sie hatte den Traum von einem Binnenhafen im Fürstentum Lippe. Aber da machte ihr Preußen einen Strich durch die Rechnung und verweigerte die Genehmigung. Der Lippische Weser-Hafen hätte in zu großer Konkurrenz mit den Häfen in Vlotho und Minden gestanden. Es blieb vorerst dabei: Von Erder aus ging es per Weser-Dampfschiff direkt nach Bremen. Von da ist die Nordsee schon zum Greifen nah. Und deshalb war der kleine Ort Erder auch etwas später, im 19. Jahrhundert, ein Anlaufpunkt für Auswanderer nach Amerika. Heute fließt der meistens dünne Herrengraben zwar eher als Bächlein durch den südlichsten der vier Bögen – aber bei Erder mündet er immer noch in die Weser.

DIE SCHÖNE KATHARINA Wer sich traut, bei einer Vollmondnacht die Brücke zu besuchen, wird feststellen, dass sie vielleicht so verlassen gar nicht ist. Parallel zum Herrengraben, etwas weiter südlich, verläuft ein Wanderweg direkt am Schloss Varenholz vorbei. Noch im Mittelalter war dieser Weg

und Nebel. Und kaum war er weg, ward auch Katharina nicht mehr gesehen. Spurlos verschwunden – und zwar, wie es scheint, die ganze Familie. Ob sie ihm hinterhergereist ist, ob er sie direkt hat nachkommen lassen und ob sie dabei ihre Kinder mitnahm, all das ist nicht überliefert. Man sollte doch meinen, dass eine allein reisende Frau mit einer Fußballmannschaft an Kindern aufgefallen wäre. Angeblich hat sie aber niemand gesehen, bis … ja, bis sie irgendwann das erste Mal wieder an ihrem Heimatort gesichtet wurde: als Weiße Frau. Damit scheint zumindest ein Rätsel gelöst: Denn wenn ihr Geist noch hier verweilt, ging sie zu Lebzeiten nicht freiwillig. Also Obacht, wer als Frau in klaren Vollmondnächten zwischen Schloss Varenholz und Herrengrabenbrücke unterwegs ist. Angeblich zeige sie sich nur schwangeren Frauen, denen sie (ungefragt!) das bevorstehende Ereignis verkündet – und so durchaus für Überraschung sorgen kann. Gelegentlich soll sie aber auch schon ein drohendes Unheil angekündigt haben.

eine wichtige Verbindung zwischen Varenholz und Erder, Letzteres heute ein Stadtteil von Varenholz. Und auf diesem schönen Wanderweg könnte einem die noch schönere Katharina begegnen. Ob sie auch bis zur Brückenruine kommt, ist ungewiss, aber schon im Rahmen des Möglichen. Als Hofdame lebte Katharina Gerstein auf Schloss Varenholz ein relativ beschauliches Leben. Relativ, weil sie Mutter von zehn Kindern (!) war. Ihr Leben hätte wohl recht gemächlich weiterlaufen können, wäre da nicht ihr Gatte gewesen. Dieser musste aus politischen Gründen das Schloss fluchtartig verlassen und sich ins Exil absetzen. Ob er den Weg über die Herrengrabenbrücke nahm, ob er sich gar über Erder nach Amerika begab – man weiß es nicht. Er verschwand bei Nacht

Mit dem Rad unterwegs

Unweit der Herrengrabenbrücke liegen nicht nur wunderbare Wander-, sondern auch Radrouten, etwa wenn man auf dem 520 Kilometer langen Weser-Radweg unterwegs ist (Etappe Rinteln–Minden). Dazu verlässt man den Weser-Radweg Richtung Varenholz (besucht dort am besten noch das Schloss) und fährt zurück entlang des Beutebrinks wieder Richtung Norden. Dem Beutebrink folgt man so lange, bis man an die Anlegestelle der Gierseilfähre kommt; auf der anderen Seite ist man wieder auf dem Weser-Radweg. Der Weg zur Brücke ist je nach Jahreszeit schwer zu betreten, festes Schuhwerk daher empfehlenswert, da man es mit Gestrüpp, Dornen und diversen Krabbeltieren aufnehmen muss.

Der mächtige Brecherturm erinnert etwas an die AT-ATs von »Star Wars« und ist auch fast so groß.

16

GLÜCK AUF!

Die Grube Wohlverwahrt in Kleinenbremen

Wie ein strenger Wächter beherrscht der mächtige Brecherturm die Szenerie: Doch er ist nur die Spitze des Eisberges. Das wahre Geheimnis wartet etliche Etagen tiefer.

Adresse Rintelner Straße, 32457 Porta Westfalica, Kreis Minden-Lübbecke **GPS** 52.22799, 9.040959 **Anfahrt** Mit dem Auto über die A2, Abfahrt Veltheim bis zum Wanderparkplatz beim Besucherbergwerk; mit dem Bus 510 von Minden Bahnhof

EIN REGIONALES SCHATZKÄSTCHEN Im Grenzgebiet zwischen Ostwestfalen-Lippe und Niedersachsen führt eine schmale Straße durch den Ort Kleinenbremen. Ein riesiger Brecherturm, der unmittelbar an der Bürgersteigkante steht, lässt mich wie angewurzelt innehalten. Ostwestfalen-Lippe ist nicht gerade als Bergbau-Eldorado bekannt, die Szenerie deshalb für Uneingeweihte merkwürdig unwirklich. Wer weiß heute schon, dass es überhaupt eine Montanindustrie in der Region gab beziehungsweise teilweise auch noch gibt? Und doch ist es so: Es finden sich einige Zechen in Ostwestfalen-Lippe. Mitten im Teutoburger Wald zum Beispiel. Oder weiter nördlich im Wiehengebirge. Im sogenannten Mindener Revier gab es gleich mehrere Kohlezechen. Das Wesergebirge, das den Wiehen-Kamm östlich des Weser-Durchbruchs in Porta fortsetzt, gehört sogar zu den wenigen Gebirgen in Deutschland, in dessen Gesteinsschichten eisenschüssiger Korallenoolith im Klippenkalk in hohen, ertragreichen Mengen vorkommt. Oder sollte man sagen vorkam? Denn mittlerweile hat das Gebirge bei Porta Westfalica mehr Löcher als ein Schweizer Käse. Der Nordhang des Wesergebirges entpuppte sich jedenfalls als Schatzkästchen für Eisenerz, dem wichtigsten Rohstoff für die Eisen- und Stahlherstellung. Und bescherte dem kleinen, zu Porta gehörenden Ortsteil Kleinenbremen eine fast 150-jährige Erzbergbau-Geschichte.

DIE ANFÄNGE Die Chronik um das gigantische Ungetüm an der schmalen Straße beginnt mehr als 100 Jahre vor seinem Bau, im Sommer 1835, mit dem Antrag auf eine Abbaugenehmigung für Eisenstein auf dem Kleinenbremer Gelände. Antragsteller war der aus Essen stammende Konstrukteur und Erfinder Johann Dinnendahl. Das zuständige königliche Oberbergamt in Dortmund reagierte prompt: Nicht mal einen Monat danach erhielt Dinnendahl eine Genehmigung für »Wohlverwahrt« – und legte los, oberirdisch zunächst. Erst 48 Jahre später, im Jahr 1883, wurde die Gewerkschaft Wohlverwahrt gegründet und der Abbau von Eisenerz nahm Fahrt auf. Ganz mühsam, unter heute kaum vorstellbaren Bedingungen, wurde im Akkord unter Tage in mehreren Schichten gearbeitet. Millimeter für Millimeter wurden meterlange Bohrer mit geballter Manneskraft in den harten Stein geschlagen. Es war stockfinster, nasskalt, ohrenbetäubend laut und gefährlich. 40 bis 50 Tonnen Gestein wurden so pro Tag gefördert und mussten abtransportiert werden. In diesen Anfangsjahren nutzte man dazu Pferdefuhrwerke. Vierspänner schleppten die Brocken bis nach Bückeburg, wo das tonnenschwere Gut auf Eisenbahnwaggons umgeladen wurde, die es weiter per Schiene zu den Hochöfen ins Ruhrgebiet brachten. Der anstrengende Weg zum Bahnhof wurde bald als unhaltbarer Zustand empfunden. Doch nicht aus Sorge um Männer und Pferde, sondern um die durch den permanenten Transport eingestaubte Fassade der schaumburg-lippischen Fürstenresidenz Bückeburg. Die vorbeiratternden schweren Gespanne verwandelten die sandigen Straßen vor des Fürstens Haustür in holprige, dreckige Buckelpisten. Feiner

Auf dem Außengelände rostet eine der Loren, ...

... die in aktiven Zeiten das tonnenschwere Gut in die Brechanlage transportiert haben.

Staub legte sich wie eine Puderzuckerschicht über die Gemächer der noch feineren Gesellschaft. Inakzeptabel! Eine Lösung musste her. Die kam 1889 in Form einer Schmalspurbahn, die von Kleinenbremen direkt nach Porta führte und fortan die erlauchte Gesellschaft verschonte. Der ursprüngliche Auftraggeber Dinnendahl erlebte nichts mehr von diesen Anfängen, er verstarb 1849.

NEUER BOOM Der Abbau in der Grube schritt flott voran. Bis 1923 wurde der Berg ausgehöhlt, dann war zunächst Schicht im Schacht: Der bis zu dreieinhalb Meter mächtige Wohlverwahrt-Flöz war abgeerntet. Man verlegte sich kurzfristig auf den Übertageabbau von Kalkstein. Ab Mitte der 1930er-Jahre kam die Produktion aber wieder ins Rollen. Man drang weiter vor in den Berg und begann mit dem Abbau im tiefer liegenden Klippenflöz. Die Gleise der Schmalspurbahn wurden ausgebaut und konnten so der Reichsbahn angeschlossen werden. Ende der 1930er-Jahre dann endlich: der Auftritt des imposanten Brecherturms, des Ungetüms an der Straße, mitsamt der Sieb- und Bunkeranlage. Eine Siedlung wurde aus dem Boden gestampft. Kleinenbremen wuchs. Die Zeche boomte wieder.

EIN DUNKLES KAPITEL Während des Zweiten Weltkriegs gab es in der Region des heutigen Ostwestfalen-Lippe einige von den Nazis geplante und umgesetzte Untertageverlagerungen in bombensichere Unterkünfte. Bergwerke, in denen nicht mehr abgebaut wurde, kamen da gelegen. Unter dem Decknamen »Elritze« sollte in der Grube Wohlverwahrt eine der größten unterirdischen Produktionsstätten in Porta Westfalica entstehen. Geleitet wurde das Unterfangen von der paramilitärischen Bautruppe »Organisation Todt«. 1944 starteten die Umbauten in

Im Abstand von 13 Metern steht Säule an Säule, jede drei Meter dick: kein Ende in Sicht.

der Grube. Dazu wurden Ziegelsteinwände zwischen die Stollen gezogen. Für Elritze I, den ersten Teil von vier geplanten Vorhaben in der Grube, war der Schermbecker Stollen vorgesehen. Der Bremer Flugzeughersteller Focke-Wulf sollte hier mit seiner Produktion einziehen. Letztendlich kam es aber nicht mehr zu irgendeiner Art von Produktion, denn noch im selben Jahr waren der Krieg und die Schreckensherrschaft der Nazis zum Glück zu Ende.

AUSBLICK In den 1950er-Jahren wurde die Grube Wohlverwahrt unter Tage mit der Grube Nammen verbunden und die gesamte Eisenerzförderung dorthin verlagert. Während für Wohlverwahrt 1984 endgültig Schluss war, ist Nammen immer noch im Einsatz. Der Kreis Minden-Lübbecke kaufte das Gelände der Grube Wohlverwahrt über und unter Tage und eröffnete sie als Besucherbergwerk.

Eintauchen unter Tage

Die übertägigen Zeitzeugen des ostwestfälischen Bergbaus – den Brecherturm, die Siebanlage und die Transportbänder – erreicht man über einen kurzen, ca. einen Kilometer langen Pfad. Unter Tage geht es nur im Rahmen einer Führung und ist ein echtes Erlebnis (Jacke und feste Schuhe nicht vergessen, unter Tage ist es kalt!). Wer das Bergwerk betritt, kommt in eine Welt, die aus gigantischen Höhlen in einem kilometerweit verzweigten System besteht. Abbaufeld an Abbaufeld, die meterdicken Stollen stehen in Reih und Glied, soweit das Auge blickt, und wirken in Gänze doch so filigran, dass man kaum glauben kann, dass über ihnen ein Gebirge liegt. Und wer noch mehr wissen möchte: Last but not least rundet ein Besuch im ehemaligen Betriebsgebäude von 1935 das Bergwerk-Erlebnis ab. Dort ist das heutige Museum unterbracht.

Unter Tage liegen einige Stahlkolosse im tiefen Dornröschenschlaf.

17

SÜSSE VERSUCHUNG

Die Schokoladenfabrik in Bad Oeynhausen-Rehme

Glücklich, wer am Ende der Woche noch ein glänzendes 50-Pfennig-Stück in der Tasche hatte. Das wurde sinnvoll investiert: Donnerstags gab's Bruchschokolade im Tütchen.

Adresse Alter Rehmer Weg 15, 32547 Bad Oeynhausen, Kreis Minden-Lübbecke **GPS** 52.20897, 8.81179 **Anfahrt** Mit dem Auto über die A30, Abfahrt Gohfeld oder Bad Oeynhausen Ost, dann über die E30; mit dem Bus 458 von Bad Oeynhausen Bahnhof oder Vlotho Bahnhof bis Rehme Buddestraße

Eine von Bad Oeynhausens letzten erhaltenen Fassaden aus der Kaiserzeit. Hoffentlich bleibt sie es.

HERZHAFTER START Anfang des 20. Jahrhunderts zählte Schokolade längst als Genussmittel und wurde industriell hergestellt. Kleine Schokoladenfabriken entstanden im ganzen Land und boten viele verschiedene Sorten feil. Der Rohstoff Kakao war im Kaiserreich billig, und rund um Bad Oeynhausen gab es gleich mehrere Produzenten der süßen Köstlichkeiten. Die Geschichte der Fabrik in Rehme, das damals noch nicht zu Bad Oeynhausen gehörte, startete allerdings herzhaft. Mit weitem Blick auf unbebaute Äcker und Salinen am Horizont – Bad Oeynhausen war aufgrund des Salzvorkommens schon Kurstadt – baute Wilhelm Kaiser 1910 eine Brotfabrik. Dunkles, herbes und typisch westfälisches Brot wurde hier gebacken, dementsprechend bekam die Fabrik den Namen »Westfälische Brot- und Pumpernickelfabrik«. Über den Geschmack dieses dunklen, grobkörnigen Brots scheiden sich (auch heute noch) die Geister, aber der Duft, wenn der dampfende Pumpernickel aus dem Ofen kommt, lässt verlässlich bei allen das Wasser im Mund zusammenlaufen. Lecker oder nicht: Kaiser blieb nicht lange. Nach fünf Jahren schon bekam die junge Fabrik einen neuen Besitzer: Ittig & Funke.

KONZENTRATION AUFS WESENTLICHE Doch nicht für lange … Nach vier weiteren Jahren gab es wieder einen Eigentümerwechsel, und der neue Chef, Bäckermeister Alfred Lammert, war tatsächlich von Anfang an auch Grundstückseigentümer. Er verpasste der Fabrik den Namen »Nahrungsmittelwerk Ravensberg – Alfred Lammert«. Es blieb also zunächst beim herzhaften Pumpernickel, doch Lammert ergänzte das Portfolio um süße Produkte wie Pudding, Honigkuchen und Biskuit. Erst später, 1923, stieg er zur Gänze auf Süßes um: Vollmundige Schokolade und feine Cremeartikel wie herbsüße Weinbrandtrauben und zuckersüße Trüffelpralinen lagen im Trend und fanden reißenden Absatz. Die Transportmöglichkeiten waren durch den Schienenverkehr und neue Bahnhöfe ebenfalls günstig. Die Fabrik brummte. Sie schmückte – passend zu ihren Produkten –wieder ein neuer Name: »Alfred Lammert – Schokoladen- und Zuckerwarenfabrik« stand nun auf der Fassade und auf den Verpackungen der süßen Versuchungen, die mit originellen Namen von sich reden machten: »Dir und Mir. Die Packung für Liebende. Ein Produkt aus der Schokoladenfabrik Lammert«.

Im Innern haben sich seit Jahrzehnten Graffiti-Künstler verewigt.

BITTERER NACHGESCHMACK Ende der 1930er-Jahre übernahm der Kaufmann Ferdinand Venema die Produktionsstätte, deren dunkelstes Kapitel begann. Während der Kriegsjahre stoppte im ganzen Land die Schokoladenproduktion. Kakao war streng rationiert; das Wenige, das produziert wurde, erhielt das Militär, das die Schokolade als Notration mitführte – bis kein Nachschub an Rohkakao mehr erhältlich war. Venema, selbst Mitglied in der NSDAP, hatte Kontakte zur berüchtigten Fritz-Todt-Gruppe, die für

Der Schornstein war mal um einiges höher. Von weit her sichtbar, wurde er fast zum Wahrzeichen von Bad Oeynhausen.

↑ Vor dem Tor befand sich in früheren Zeiten ein Anbau. Davor verliefen Schienen.
↗ Wie lange die Schokoladenfabrik noch lost sein wird, wird die Zukunft zeigen, ...

ihre Bauarbeiten Zwangsarbeiter und KZ-Häftlinge einsetzte und diese auch in der Schokoladenfabrik zwangsweise einpferchte.

UMKÄMPFTER MARKT Als ab 1949 Kakao wieder beziehbar war, konnte die Schokoladenproduktion wieder anlaufen – bis 1964, als mit dem Ende der Preisbindung für Schokolade auch das Aus für etliche kleine Hersteller kam, die dem Wettbewerbsdruck nicht standhalten konnten. So auch die Fabrik in Rehme. Nach Aufgabe der Schokoladenproduktion zogen verschiedene Unternehmen in das Gebäude. Anfang der 2000er-Jahre und mehrere Eigentümerwechsel später stand das Gebäude wieder leer, diente nur noch als Leinwand für Graffitis und etablierte sich langsam, aber sicher als Lost Place.

VISIONÄRER NEUANFANG 2013 kaufte der Architekt Henning Bökamp das mittlerweile stark von jugendlichem Entdeckergeist malträtierte Gebäude. Er hatte die Vision, die alte Fabrik in einen Arbeits- und Kreativstandort zu verwandeln und dabei den Charme des Gebäudes zu erhalten. Also gründete er den Verein »Alte Schokoladenfabrik Bad Oeynhausen GmbH«. Seine Frau Tanja eröffnete eine Event-Agentur, die das Lost-Places-Flair

... die Aussichten stehen gut.
Ob sie den Charme behalten wird?

bis Baubeginn für Veranstaltungen nutzen wollte. So entstanden ein paar unverwechselbare Momente in der Fabrik: Musik, Tanz, Begegnungen. Doch zehn Jahre später ziert immer noch der Stabmaschenzaun das Grundstück. Der Wind zieht kalt durch die offenen Fenster. Schade … eigentlich wünscht man einem Lost Place genau das: dass neues Leben einzieht, ohne das alte auszuhauchen. Anfang 2023 verkaufte Bökamp die Fabrik an einen Investor. Auch der hat große Pläne. Auch der verspricht, das alte Gebäude zu erhalten. Wir werden sehen, ob eine der letzten Kaiserzeitfassaden Bad Oeynhausens langfristig überleben kann.

Besichtigungs-Tipp

Bei diesem Lost Place sollten Sie schnell sein, um ihn noch in seiner ganzen charmanten Morbidität sehen zu können. Rehme ist ein Stadtentwicklungsgebiet, viel ist im Umbruch. Was genau in der Schokoladenfabrik geplant ist, ist noch geheim. Übrigens: Bis die Umbauarbeiten an der Schokoladenfabrik beginnen, kann die Fabrik für besondere Events genutzt werde: Hochzeiten, Fotoshootings oder Musikvideos (Kontakt: www.koegel-bau.de). Und wer schon da ist, sollte sich einen weiteren Lost Place, nicht entgehen lassen (siehe Seite 90 ff.).

Eine Maschine der Hansa Luftbild, die seit 1923 Luftbildaufnahmen herstellt

18

TRÄUME AUF RÄDERN

Das »Motor Technica«-Museum in Bad Oeynhausen

Der einstige Publikumsmagnet war einmal das größte Privatmuseum seiner Art. Heute rosten die wenigen überlebenden Exponate ihrem Ende entgegen: ein Friedhof der Metallkolosse.

Adresse Weserstraße 225A, 32547 Bad Oeynhausen, Kreis Minden-Lübbecke **GPS** 52.202775, 8.848747 **Anfahrt** Mit dem Auto über die A30 oder A2, Abfahrt Kreuz Bad Oeynhausen; mit dem Bus von Bad Oeynhausen bis B.O-Babbenhausen, Weserstraße

KINDHEITSERINNERUNGEN Der Mann bleibt vor dem Zaun stehen und schaut hoch zur MiG 21, dann zum gelben Luftbild-Flugzeug aus den 1930er-Jahren. Der Hund an seiner Seite nimmt automatisch neben ihm Platz, gähnt und legt seinen Kopf auf die Pfoten. Er scheint das Prozedere zu kennen und schließt die Augen. Bei einem tiefen Seufzer des Herrchens fährt der Vierbeiner hoch – es geht weiter. Ich spreche den Herrn an, und er erzählt: von sonntäglichen Ausflügen zur Motor Technica; als kleiner Junge sei er mit seinen Eltern oft in der Ausstellung gewesen. »Träume auf Rädern waren das, damals«, schwärmt er. Besonders die Motorräder hätten es ihm angetan. Seiner Frau hätten immer die Autos besser gefallen. Auch sie sei oft in der Ausstellung gewesen. Heute seien die Hallen verschlossen und vermutlich leer, ganz sicher wisse er es auch nicht. Wahrscheinlich seien nur noch die Flugzeuge, die Lok, der alte Bus und die Panzer auf der Wiese gegenüber da, die wie vergessen vor sich hingammeln, alles von rostiger Patina verziert. Kein Wunder, sie seien seit Jahrzehnten dem Wetter ausgesetzt. »Eine Schande ist das«, so der Motorrad-Liebhaber. Eigentlich sollte sowieso schon längst alles weg sein. Auch auf dem Außengelände.

QUERSCHNITT DURCH DIE AUTOMOBILGESCHICHTE Es waren über 200 Zweiräder, die in den Hallen ausgestellt waren. Und über 100 Autos, die sich auf den knapp 3000 Quadratmetern Ausstellungsfläche dazugesellten. Alles war vertreten: von den allerersten motorisierten Vehikeln Ende des 19. Jahrhunderts über edle Karossen aus den 1950er- und 1960er-Jahren bis zu Klassikern aus den 1970er-Jahren. Eine automobile Zeitreise, chronologisch geordnet. Auch ein paar absolute Unikate waren ausgestellt: zum Beispiel eine gepanzerte Limousine des Generalsekretärs des Zentralkomitees der SED, Erich Honecker; oder ein Jagdwagen von Kaiser Wilhelm II. aus dem frühen 20. Jahrhundert. »Blitzblank poliert war das alles gewesen«, schwärmt der Mann mit leuchten-

Die untere Etage des Londoner Doppeldecker-Busses sieht doch noch fast gemütlich aus.

den Augen. Bis auf eine Rostbeule. Die sei inmitten einer Scheune, die in der Halle aufgebaut gewesen war, halb verdeckt präsentiert worden. »Als Beispiel, wie sie solche alten Schätze gefunden haben.«

Steht zwar auf der Schiene, kommt aber nicht mehr weiter, denn …

VOM TRAUM ZUM ABSTELLGLEIS Gegründet wurde das Museum 1973 als Auto- und Motorradmuseum von Willy Helmerdings. Der Fabrikant war ein leidenschaftlicher Sammler. Seine Passion wandelte er in ein privates Museum um, aufgebaut mit viel Liebe zum Detail. Die Besucher, die noch den Glanz vergangener Tage kennen, erinnern sich jedenfalls mit sehr viel Begeisterung an die Ausstellung. Als er 1991 Insolvenz anmelden musste, schloss auch sein Museum. Ein Jahr später eröffnete es erneut unter einem neuen Besitzer, Holger Veh. Nach 16 Jahren, 2007, schloss aber auch er das Museum wieder – er wollte umbauen, sich ganz auf militärische Exponate konzentrieren. Aus der geplanten Wiedereröffnung ein Jahr später wurde nichts, auch nichts 2009 aus dem verschobenen Termin. Seitdem ist wenig passiert. Die meisten Exponate aus Helmerdings Bestand wurden wohl verkauft.

ROSTIGE RESTE Die verbliebenen Museumsstücke gammeln seit über 15 Jahren vor sich hin: Vor dem lang gezogenen Schiebetor rostet ein altes Schienenfahrzeug, über und über mit Spinnweben behangen, daneben, schief an die weiße Mauer gelehnt, ein alter Londoner Doppeldeckerbus. Bei den anderen Rostlauben handelt es sich fast ausschließlich um Militaria: Kampfjets, eine MiG 21 und eine MiG 23, eine AERO Commander, ein zweimotoriges Propellerflugzeug – und auf der anderen Straßenseite verwachsen Panzer mit der Wiese. So werden Zeitzeuge und Hund auf ihrer täglichen Gassi-Runde wohl noch eine Zeit lang weiterträumen können. Den Hund stört's nicht; er freut sich, wenn sein Herrchen stehen bleibt und er nach einem langen Spaziergang seine gewohnte Pause bekommt.

Radtour gefällig?

Direkt hinter dem »Motor Technica«-Museum führt der Weser-Radweg entlang. Ein Besuch dieses Lost Place lässt sich also perfekt mit einer (kurzen oder etwas längeren) Radtour verbinden.

… ganz offensichtlich wurde hier schon lange an keiner Schraube mehr gedreht.

19

UNTERM WILLEM

Das Hotel Kaiserhof in Porta Westfalica

Gebaut als Hotel erster Klasse, erlebte das prunkvolle Haus im Zweiten Weltkrieg das Grauen von seiner schlimmsten Seite.

Adresse Freiherr-vom-Stein-Straße 1, 32457 Porta Westfalica, Kreis Minden-Lübbecke **GPS** 52.24642, 8.91196 **Anfahrt** Mit dem Auto über die B61 von Minden aus, Abfahrt Kaiser-Wilhelm-Denkmal; mit dem Bus (mehrere Linien) von Minden aus bis PW Barkhausen Kaiserstraße

Auf dem wiederhergestellten Dach fehlen Gauben, Wetterhahn und Buchstaben (KAISERHOF), die oben auf dem First thronten.

GEHOBENE KLASSE Dort, wo die Weser idyllisch zwischen Wiehen- und Wesergebirge in Richtung norddeutsche Tiefebene mäandert, hoch oben auf dem Wittekindsberg, thront Wilhelm I. grüßend – ausnahmsweise ohne sein Pferd – und schon von Weitem sichtbar. Das ist erst einmal nichts Besonderes, denn Ende des 19. Jahrhunderts, kurz nach des Kaisers Tod, entstanden in ganz Preußen Denkmäler zu seinen Ehren. Dieses im Stadtteil Barkhausen in Porta Westfalica aber sollte das größte seiner Art werden. Man rechnete mit Touristenströmen. Deshalb dachte man eine entsprechende Infrastruktur gleich mit. Unten, am Fuße des Berges, sollte ein Gasthof und Hotel der gehobenen Klasse für das leibliche und kulturelle Wohl der Ausflügler sorgen. Nach einer Wanderung hoch zum Kaiser und wieder zurück wurde im Kaiserhof eingekehrt oder auch gleich übernachtet. Vorausgesetzt, man brachte das nötige Kleingeld mit.

Das ehemalige »erste Haus am Platz« hat jeden Glanz verloren.

GLAMOURÖSER START Das Hotel war ein Vorzeigeobjekt, keine Frage, und die erste (und einzige) Adresse am Platz. Hier traf sich das Who's who aus Politik, Schauspiel, Sport – und der Erste Mindener Karnevalsverein. »Kaiserhof« prangte in weithin sichtbaren Lettern oben auf dem Dach. Dort, wo heute Autos parken, befand sich ein malerischer Garten, in dem es sich zwischen hübsch arrangierten Beeten gepflegt lustwandeln ließ. Den Gartenabschluss bildete ein Laubengang, der an lauen Sommerabenden für Konzerte genutzt wurde und der fast unversehrt zwei Jahrhundertwenden überstanden hat. Im großen Festsaal, welcher Platz bot für 200 Personen, fanden am 18. Oktober 1896 die Feierlichkeiten zur Einweihung des Denkmals statt. Das Festmahl konnte sich sehen lassen: Kalbsrücken, Steinbutt, Feldhühner und Gänsepastete, zum Nachtisch das damals obligatorische Fürst-Pückler-Eis und zum Magenschließen ein paar Likörchen. Der Gastwirt ließ sich zur Feier des Tages nicht lumpen.

KZ-AUSSENLAGER Mit dem Zweiten Weltkrieg fiel ein dunkler Schatten auf den prestigeträchtigen Ort. Als die Angriffe der Alliierten immer stärker wurden, sollten kriegsrelevante Produktionsstätten geschützt werden. Das Stichwort lautete Untertageverlagerung. Die Gegend rund um Porta bot sich an; hier gab es durch den Untertageabbau bereits Sandsteinstollen, die für das Vorhaben weiter ausgebaut werden konnten. 1944 wurde der Kaiserhof von der SS beschlagnahmt und zum Außenlager des KZs Neuengamme umfunktioniert. In knapp über einem Jahr bis zur Befreiung wurden 1500 Zwangsarbeiter, vielleicht auch weit mehr, zu harter, unmenschlicher Arbeit in Zwölf-Stunden-Schichten in den Stollen gezwungen. Fast noch grausamer war aber die Unterbringung im Kaiserhof, zusammengepfercht im ehemaligen Festsaal, 25 mal

Im Laubengang wurde in lauen Sommernächten musiziert und getanzt.

15 Meter, der notdürftig mit schmalen, grob zusammengezimmerten vierstöckigen Betten ausgestattet war. Eine mit Kohle auf den Stein gekritzelte Inschrift kündigte Neuankömmlingen an, was sie erwartete: *Hic Mortui Vivunt* – »Hier leben die Toten«. Über ein Drittel der internierten Menschen, die genauen Zahlen sind nicht bekannt, überlebten die Tortur nicht. Das Hotel selbst wurde zum Verwaltungsgebäude der SS.

WIEDER HOTEL Nach dem Krieg übernahmen die britischen Besatzer den Kaiserhof. Als sie abzogen, fiel das Hotel am 10. Dezember 1949 zurück an die Eigentümerfamilie Knoblich, in deren Besitz es seit 1924 war. Und durfte endlich wieder ein Hotel werden – ein Kraftakt für die Eigentümerfamilie, die viel investierte, um das Haus wieder auf Vordermann zu bringen. Die große Halle wurde allerdings kein neuer Festsaal, sondern zur Reithalle umfunktioniert. Ganz so glamourös wie vor dem Krieg wurde es zwar nicht, aber neben dem Hotelbetrieb gab es auch wieder Feiern und Musik. Besonders der Laubengang war bekannt und beliebt für Open-Air-Konzerte. Ende 1983 wurde das Gebäude unter Denkmalschutz gestellt. Eine Entscheidung, die 30 Jahre später für heftigen Streit sorgen sollte und dafür, dass dem Hotel heute in diesem Buch ein Kapitel gewidmet ist.

LICHTERLOH In den 2000er-Jahren standen dringende Modernisierungen an, die wirtschaftliche Situation allerdings wurde zunehmend prekärer. 2011 meldete die Inhaberfamilie Insolvenz an. Knapp über ein halbes Jahr später brach in dem leer stehenden Gebäude ein Feuer aus und zerstörte die oberen Geschosse und fast den gesamten Dachstuhl. 2013 bis 2015 dann der Wiederaufbau: Über den Denkmalschutz entbrannte ein heftiger Streit zwischen Stadt, Denkmalschützern und neuen Eigentümern: Die Gauben nämlich unterstehen dem Denkmalschutz, das Dach nicht. Auch darüber, was das stadtbildprägende Objekt zukünftig beherbergen sollte, fand man keine Einigung. Dabei mangelte es nicht an Nutzungsideen und -konzepten. Also wurde das halb sanierte Projekt, dessen neues Dach wenig Schutz bietet, da das luftige Fachwerk Wind und Wetter ungehindert eintreten lässt, wieder eingefroren. Immer wieder verlauten die regionalen Medien, der Kaiserhof werde bald in neuem Glanz erstrahlen. Allerdings hört man das schon seit Jahren. Mittlerweile nagt der Zahn der Zeit gefräßig am Gebäude. Und irgendwann wird dann wohl auch der ewig standhaft gebliebene Laubengang einknicken.

Umgebungs-Tipps

Gleich mehrere Freizeitmöglichkeiten bietet die unmittelbare Umgebung. Mehrere schöne Wanderrouten starten am Parkplatz direkt vor dem Kaiserhof. Auf jeden Fall lohnt sich ein Aufstieg zum Kaiser-Wilhelm-Denkmal. Von oben hat man einen fantastischen Ausblick über das Wesertal und auf den Jakobsberg. Die KZ-Gedenkstätte bietet Führungen in die ehemalige Untertageverlagerung Dachs 1 an (www.gedenkstaette-porta.de).

Der Innenhof, der zum kleinen Saal und von dort zum großen führte, wo die Häftlinge untergebracht waren

Das Haupthaus des Schäkelhofes steht mitten im Dorf, nur einen Steinwurf von der Kirche entfernt.

20

DER FALSCHE MANN

Ein misslungener Auftragsmord in Frille

An einem finsteren Novemberabend kam es zu einer verhängnisvollen Verwechslung. Sie kostete ein unschuldiges Menschenleben und offenbarte eine kaum zu glaubende Familientragödie.

Adresse Freithof 20, 32469 Petershagen, Kreis Minden-Lübbecke **GPS** 52.338792, 8.992488
Anfahrt Mit dem Auto von Minden über die B482; mit dem Bus 600 ab Minden

EIN FATALER IRRTUM Es sollte ein gemütlicher Videoabend werden; nichts Besonderes. Es war ein früher Abend im Jahr 1985, als Bernd S. sich auf den Weg zu seinem Nachbarn und Freund, Karl M., machte. Wie üblich im November, konnte man die Hand kaum vor Augen sehen. Kein Problem für Bernd S., er ging den kurzen Weg wie im Schlaf, nahm die Abkürzung zwischen den beiden Scheunen, dann durch den Stall – weiter kam er nicht. In der Dunkelheit stand eine Gestalt, hielt ihm ein Kleinkalibergewehr vors Gesicht und drückte ab. Bernd S. wurde 33 Jahre alt. Und er war der falsche Mann – zur falschen Zeit am falschen Ort.

EIN TRAGISCHER UNFALL Die Todesursache war schnell gefunden: Schädelbasisbruch, so die Vermutung des hinzugezogenen Arztes. Es schien plausibel, dass Bernd mit seinen schneebenetzten Schuhen auf dem Fliesenboden ausgerutscht und unglücklich auf einen Wasserhahn aufgeschlagen war. Ein tragischer Unfall in einer kalten, glatten und dunklen Scheune. Einfach Pech. Einen Schuss hatte niemand gehört. Um 19 Uhr hatten die Glocken der benachbarten Kirche zum Abendgebet geläutet. Dass der vermeintliche Unfall ein gewaltsamer Akt gewesen sein könnte, stand gar nicht zur Debatte; so etwas war schlicht unvorstellbar. Doch es hatte einen Plan gegeben, einen Auftraggeber und einen Auftragskiller. Der Anschlag hatte Karl M. gegolten, initiiert von seinem eigenen Vater, Fritz M.

EIN TEUFLISCHER PLAN Das Verhältnis zwischen Vater und Sohn war seit Jahren schlecht. Die Mutter hatte sich in der Scheune des Schäkelhofes erhängt, als Karl M. noch ein kleines Kind gewesen war. Doch zum Ärger des Vaters wurde der Sohn Alleinerbe des Hofes, den sie mit in die Ehe gebracht hatte. Der Vater als Vormund verwaltete das Erbe und bewirtschaftete den Erbhof ebenso wie seinen eigenen, den Schäkelhof, auf dem die Familie lebte. Er heiratete erneut, bekam mit seiner zweiten Frau weitere Kinder. Karl M. wurde endgültig zum Schwarzen Schaf der Familie, zog sich mehr und mehr zurück, und die Konflikte mit seinem Vater wurden im Laufe der Jahre stärker. Wie der Vater mit dem Erbe des Sohnes schaltete und waltete, erfuhr dieser erst, als er volljährig wurde und der Vater seine Unterschrift zum Verkauf benötigte. Nun wendete sich das Blatt. Karl M. registrierte, dass der Vater bereits große Teile des Erbes veruntreut hatte, und begann nun seinerseits, sein Geld mit vollen Händen auszugeben. Das schlechte Verhältnis zwischen Sohn und Vater eskalierte. Streit, Prügeleien, Anzeigen, auch Todesdrohungen waren an der Tagesordnung, aber anscheinend blieb das

Anscheinend ahnte niemand, was sich hinter der verschlossenen Tür abspielte.

Ausmaß dieser Auseinandersetzungen außerhalb des Hofes unbemerkt. Bis der Vater einen teuflischen Plan ersann: Der Sohn musste weg. Er heuerte einen Auftragskiller an, der bereit war, für viel Geld viel zu riskieren. Der erste Tötungsversuch scheiterte. Der zweite traf Bernd S.

EIN SCHLIMMER VERDACHT Niemand ahnte die wahren Hintergründe. Der Vater war noch mal davongekommen, kondolierte sogar der Familie S. Aber er war weiterhin wie besessen davon, seinen Sohn zu töten. Erneut fragte er bei dem Killer an, dem das Unterfangen mittlerweile jedoch zu riskant geworden war. Also sah der Vater keinen anderen Ausweg, als die Sache selbst zu Ende zu bringen. Zwei Jahre später – es war wieder ein kalter Novembertag – lockte er seinen Sohn unter einem Vorwand in die Scheune. Als dieser ihm den Rücken zudrehte, schlug er ihm mit einer Eisenstange auf den Kopf. Karl M. konnte schwer verletzt fliehen, und ihm kam ein furchtbarer Verdacht. Er zeigte seinen Vater an, woraufhin eine Exhumierung von Bernd S.s Leichnam beauftragt und das Projektil entdeckt wurde.

JURISTISCHES LEHRSTÜCK Der Fall kam vor Gericht, Aussage stand gegen Aussage. Der Vater beschrieb seinen Sohn als arbeitsscheuen Taugenichts, der Sohn den Vater als Erbschleicher. Der Auftragsmörder erhielt lebenslänglich, der Auftraggeber, der Vater, 13 Jahre. Er ging in Revision. Das neue Urteil lautete zwölf Jahre; nach sechs Jahren kam Fritz M. auf Bewährung frei. Der Fall aber wurde in seiner Verzwicktheit zu einem juristischen Lehrstück, mit dem sich Jurastudenten auseinandersetzen müssen.

Ein Zaun versperrt den Durchgang zur Scheune, in der es zur tödlichen Verwechslung kam.

Verwaiste Briefkästen zeugen von einem kurzzeitigen Leben auf dem Hof nach der Tragödie.

IMMER IM NOVEMBER Familie M. verließ den Schäkelhof, der daraufhin in mehrere Wohnungen aufgeteilt wurde. Doch nur für kurze Zeit war das Haus mit neuem Leben erfüllt. Ein paar bunte Fensterbilder zeugen davon, ebenso die nicht geleerten Briefkästen. Es scheint, als würde ein Fluch auf dem Hof liegen. Seit fast 15 Jahren steht das Anwesen mitten im Dorfkern leer und verfällt. Vor fast zehn Jahren wurde es zwar versteigert, doch seither ist nichts passiert. Das einzige Leben, das den einst schönen Hof umringt, ist der Wein, der sich verlässlich jedes Jahr im Herbst – bis zum November – farbenfroh um die blanken Mauern legt.

Westfälische Mühlenstraße

Der Fall hat deutschlandweit Schlagzeilen gemacht. Mehrere Crime Podcasts schmücken ihn bis ins kleinste Detail aus. Ein Besuch in Frille lohnt sich am besten mit dem Rad, denn Frille liegt als Stadtteil von Petershagen an der Westfälischen Mühlenstraße, und elf restaurierte Mühlenanlagen gibt es um den Ort herum. Eine davon, der Mühlenbauhof in Frille, bietet interessante Einblicke in die technische Mühlenzentrale (https://www.petershagen.de/Tourismus/Ziele-in-Petershagen/). Und der Badesee Lahde ist keine 2,5 Kilometer entfernt.

21

KAMPF UND KLÜNGEL

Die Wasserburg in Rahden-Kleinendorf

Erbaut an strategisch wichtiger Stelle, war die Wasserburg vor allem eines: ein Zeichen der Macht. Kein Wunder, dass mit allen Bandagen um sie gekämpft wurde.

Adresse Museumshof 1, 32369 Rahden, Kreis Minden-Lübbecke **GPS** 52.437761, 8.596421
Anfahrt Mit dem Auto über die A2, Abfahrt Autobahnkreuz Bad Oeynhausen, dann auf die A30 Richtung Osnabrück, Abfahrt Richtung Lübbecke auf die B239, durch Lübbecke bis Rahden; der Beschilderung zum Museumshof folgen

Stahlträger und Seile stützen die marode Substanz der hart umkämpften Wasserburg.

SCHLAGSEITE Pittoresk präsentiert sich die Ruine der Wasserburg Rahden. Kneift man die Augen zusammen, verschwimmt sie romantisch zu einem Märchenschlösschen; fast erwartet man, dass Aschenputtel auf einem Schimmel um die Ecke geritten kommt. Aber weit gefehlt. Die so gebrechlich erscheinende, sich gerade so im Wind haltende Ruine war zu Verteidigungszwecken errichtet worden und hat seit den frühen Tagen ihrer Existenz etlichen schlimmen Stürmen getrotzt. Angesichts ihrer tragischen Vergangenheit zeigt sie sich – ganz im Gegenteil zu ihrer heutigen Schieflage – unerbittlich standhaft. Die alte Dame, jahrhundertelang umkämpft, war ein ständiger Pingpong-Ball im Match zwischen geistlicher und weltlicher Macht. Von märchenhafter Romantik fehlt ihr deshalb jede Spur.

Gut erkennbar sind die Fachwerkauflager an der Nordseite der Ruine.

DIE ANLAGE Die gebrechliche Ruine war Teil einer Anlage, die um einiges größer war als das, was man heute auf den ersten Blick erahnt. Mit 53 mal 63 Metern etwas kleiner als ein Fußballfeld, bestand sie aus einem Hauptgebäude, der heutigen Ruine, das tatsächlich später zum Schloss wurde (wenn auch zu keinem sonderlich romantischen), einem hohen Bergfried, zwei weiteren Türmen und einem Pferdehaus, das die gesamte Westseite einnahm. Ein lang gestreckter Verbindungsbau verband Haupthaus und Pferdeunterkunft. Rundherum – heute nicht mehr zu erahnen – verlief ein Wassergraben, der aus der Großen Aue gespeist wurde. Im 14. Jahrhundert, wahrscheinlich zwischen 1310 und 1320, wurde die Anlage im Auftrag von Bischof Gottfried von Minden erbaut. Man findet ansonsten nur einen urkundlichen Eintrag von 1296, der darauf hindeutet, dass es vorher auch schon ein burgartiges Bauwerk an diesem Standort gab. Sehr viel mehr ist nicht bekannt. Der Platz direkt an der Großen Aue war strategisch clever gewählt. Hier kreuzten wichtige Handelswege. Durch die Burg wurden alle Handeltreibenden mitsamt ihren Waren über eine schmale Furt wie durch ein Nadelöhr getrieben, direkt am bischöflichen Drosten vorbei, einer Art oberstem Amtsverwalter. War der Wegezoll so bequem ins bischöfliche Geldsäckel gewandert, durften die Händler im wahrsten Sinne des Wortes erleichtert mitsamt ihrer Fracht am anderen Ufer weiterziehen.

GEWALT WAR IMMER EINE OPTION Allerdings ging es nicht allein darum, einen geeigneten Platz für eine Zollstation zu bauen. Burg Rahden oblagen als einer von fünf Landesburgen weitere Aufgaben, nämlich: die bischöflichen Hoheitsrechte zu sichern und zu verteidigen. Sie hatte also in erster Linie eine politische Machtfunktion inne. Und umkämpft war das Gebiet des heutigen Kreises Minden-Lübbecke! Um Rahden stritten

Der Torbogen von 1619 befand sich ursprünglich innerhalb der Burgruine.

sich in besonderem Maße die Grafen von Diepholz und von Hoya. Allerdings wurde auch zu allen anderen Seiten hin massiv gestritten und geklüngelt. Aus Geldnot und auch politischer Intrige wurde die Burg im Laufe ihrer Geschichte deshalb diverse Male verpfändet. Die heute wohl landläufig bekanntesten Rechteinhaber waren die von Münchhausen – wobei der berühmteste Spross, der Lügenbaron, ausnahmsweise nichts dazu beigetragen hat. Mit der Verpfändung gingen sämtliche Hoheitsrechte an den Pfandinhaber über. Dass ein solcher Machtverlust und monetärer Nachteil in Minden erheblichen Verdruss auslöste, liegt auf der Hand. So musste die Burg ein ums andere Mal zurückerobert werden. Dazu war jedes Mittel recht. Mal reichte schnöder Mammon, war der aber nicht greifbar, brauchte es Köder und tückische Schachzüge. Rohe Gewalt war nicht nur eine Option, sondern ein gern genutztes und probates Mittel. Es gab zahlreiche, perfide angezettelte Fehden und auch bewusst gelegte Feuer, deren Flammen der Burg mehrfach massiv zusetzten. Kurz: Im Prinzip war die Burg bis Mitte des 17. Jahrhunderts permanent umkämpft und wechselte ein ums andere Mal den Eigentümer.

RUHIGERE ZEITEN Mit dem Westfälischen Frieden (1648) übernahmen brandenburgisch-preußische Amtmänner und Beamte der königlichen Domäne die Verwaltung der Burg. Man konzentrierte sich nun auf die landwirtschaftliche Nutzung: Es zogen Hunderte friedliebende Schafe und ein paar Rinder ein. Während sich die Tiere an der kuscheligen Enge der Burg erfreuten, sehnten sich die hohen Beamten nach mehr Platz. Ihnen war die Burg zu »piefig«. Sie beanspruchten ein neues, größeres, feineres Amtshaus. Steine für dessen Grundmauern nahm man aus den Türmen der sowieso schon maltrātierten Burg. Den Schafen war's egal. Die Burg aber verlor beim Umzug der Amtspersonen 1711 ihr Amt. Über ein Jahrhundert später gingen Burg und neues Amtshaus in Privatbesitz über. Und die neuen Eigentümer machten aus der Burg ein Schloss.

DAS LETZTE FEUER Im Winter 1878/79 schließlich brannte die imposante Anlage ein weiteres Mal. Doch diesmal besiegelte das Feuer ihr Ende. Alles, was von ihr übrig blieb, war die windschiefe Ruine des ehemaligen Hauptgebäudes. Mit diesem Brand verlor das Stift Minden seine letzte zwar geschundene, aber immerhin noch einigermaßen intakte mittelalterliche Burg. Außer der Ruine ist nur noch ein einzelner steinerner Türsturz aus dem Jahr 1619 erhalten, der aus dem Inneren geborgen wurde und nun direkt am Weg an der Nordseite der Ruine liegt.

Hofalltag im 19. Jahrhundert

Direkt gegenüber der Ruine befindet sich ein Freilichtmuseum, in dem man eine Idee vom alltäglichen Leben auf einem Hof im 19. Jahrhundert bekommt. Auf diesem Gelände liegen auch einige Findlinge, die den Umriss des ehemaligen Burggeländes markieren (www.museumshof-rahden.de). Nicht weit entfernt, in der zu Rahden zählenden Ortschaft Preußisch Ströhen, befindet sich übrigens der Nordpunkt, der nördlichste Punkt Nordrhein-Westfalens. Besonders zur Sommersonnenwende am 21. Juni lohnt sich ein Besuch, denn dann hat man fast 20 Minuten länger was vom Tag als ganz im Süden NRWs.

Seit über 700 Jahren trotzt die Wasserburg jeglichen Feuern und Fehden.

Der Glanz vergangener Tage ist abgeblättert.
Kaum vorstellbar, welch ein Schatz sich einst im Inneren verbarg.

22

TRAUMFABRIK

Das Hotel Lütke in Vlotho

Filmverleih, Kulisse, Schauspielprominenz: Ein kurzes Star-Intermezzo und die Weserlichtspiele im Hotel Lütke sorgten für Hollywood-Feeling an der Weser.

Adresse Poststraße 26, 32602 Vlotho (Weser), Kreis Herford **GPS** 52.16754, 8.86626
Anfahrt Mit dem Auto über die A2, Abfahrt Bad Oeynhausen, Richtung Vlotho, weiter auf der B514

VORHANG AUF! Nach dem Ersten Weltkrieg entstanden in den großen Städten prachtvolle Lichtspielhäuser. Vlotho spielte schon früh vorne mit. Im großen Saal des Hotels Delkeskamp feierten 1920 die Friedolin-Lichtspiele ihre Premiere. Das 1871 eröffnete Hotel war ohnehin eine Größe in Vlotho, Treffpunkt von namhaften Wirtschaftsvertretern der Region, die sich mit feinem Likörchen und dampfender Zigarre bei Clubabenden vergnügten. Es gab einen Garten zum gepflegten Müßiggang, einen Billardtisch für Kurzweil und einen Tennisplatz für sportliches Kräftemessen. Die Lichtspiele setzten dem Ganzen ein Krönchen auf. Allerdings zogen die beiden Betreiber der Friedolin-Lichtspiele, A. Burckhards und H. Sassenberg, schon nach einem Jahr mit ihren Friedolin-Lichtspielen in ein anderes Vlothoer Hotel um.

ALS DIE BILDER LAUFEN LERNTEN Während des Zweiten Weltkrieges kam der Ufa-Verleih von Düsseldorf ins benachbarte Herford, man fürchtete (zu Recht), dass Bomben auf die Rheinstadt fielen. Nicht lange nach dem Umzug war jedoch auch das vermeintlich sichere Herford unter Beschuss. Also übersiedelte die Ufa mit dem kostbaren Sack und Pack weiter nach Vlotho. Dort konnten die Ufa-Mitarbeiter nach dem Krieg ihre Arbeit recht schnell wieder aufnehmen. Aus der ganzen Region brachte man eingelagerte Filmrollen des Deutschen Film-Vertriebs und Projektoren nach Vlotho, wo das Material – unter den strengen Augen der britischen Besatzer – geschnitten wurde. Das Geschäft florierte.

PREMIERE IM HOTEL LÜTKE Nun nahm auch die Leinwandkarriere im Hotel an der Ecke Poststraße/Weserstraße Fahrt auf, und zwar so richtig. Hans Lütke, der das Hotel 1938 von Delkeskamp übernommen und mittlerweile in »Hotel Lütke« umbenannt hatte, eröffnete 1947 die »Weserlichtspiele« mit 500 Sitzplätzen und einem Orchestergraben vor der Leinwand, in dem 60 Musiker Platz fanden. Der Saal wurde auch für Theater und Operetten genutzt. Der kleine Ort an der Weser wurde eine Filmstadt, die nicht nur Kinofans anzog, sondern auch die, die auf Leinwand und Bühne zu sehen waren: Grethe Weiser, Carl Raddatz, Hardy Krüger, Lale Andersen, Hildegard Knef und viele andere. Wem diese Namen nichts sagen, der ist schlicht zu jung. Den Älteren sind sie alle ein Begriff: Leinwand- und Bühnenstars der 1940er-Jahre, als das Kino seine Hochzeit erlebte, Ton bereits kannte und Farbe die bewegten Bilder zum Gassenhauer machte.

KURZER TRAUM Parallel suchte auch die im Krieg schwer getroffene Traumfabrik Babelsberg in Potsdam eine neue Produktionsstätte. Im lippischen Kalletal, nur einen Katzensprung von Vlotho entfernt, bot sich

Keiner mehr da, der die Tür öffnen könnte

Schloss Varenholz an. Das Weser-Renaissanceschloss samt umgebendem Gelände galt als geeignetes Ausweichquartier für die Filmschaffenden, die sich zum Mittagstisch gern mit den Ufa-Mitarbeitern im Hotel Lütke trafen – im Schlepptau oft besagte Leinwandprominenz. Die Zeit der Stars währte allerdings nur kurz. Sechs Jahre später, 1952, zog die Ufa zurück nach Düsseldorf, während die lippische Traumfabrik noch in den Kinderschuhen starb: In Varenholz wurde kein einziger Film gedreht. Was blieb, waren die Weserlichtspiele im Hotel Lütke, die sich wachsender Beliebtheit erfreuten. Als Sohn Bernhard Lütke die Geschäfte 1958 zusammen mit seiner Frau Änne übernahm, brummte das Geschäft.

NEUE KONKURRENZ Ab Mitte der 1960er-Jahre ebbte der Kino-Boom langsam, aber sicher ab. Das Farbfernsehen wurde eine enorme Konkurrenz zur großen Leinwand. Man versuchte es mit Wohnzimmer-Komfort und renovierte den Kinosaal 1983 kräftig: mit plüschigen Sesseln und einer Abstellmöglichkeit für Getränke, Popcorn und Aschenbecher. Viel half es nicht. Nur noch wenige Blockbuster bescherten lange Schlangen an den Kassen. Bernhard Lütke wollte sich zur Ruhe setzen und verkaufte sein Kino schließlich Mitte der 1990er-Jahre. Die neuen Besitzer übernahmen Hotel und Kino mit enthusiastischen Plänen, die aber nie umgesetzt wurden. Bis 1996 drehten die Spulen noch, dann blieb der Vorhang unten. Der Grund lag auf der Hand – oder besser gesagt – auf dem Ohr: Mit dem Kinoerlebnis der großen Multiplex-Kinos samt Dolby-Surround-Sound kam die veraltete Technik der Weserlichtspiele nicht mehr an. Auch gegen das Tamtam der Kinogiganten hatten es die kleinen Programmkinos schwer. Hinzu kamen Video und Privatfernsehen als neue starke Konkurrenten. Die neuen Inhaber kämpften kurz, aber vergebens … und versteigerten das Haus an einen Vlothoer Unternehmer, der den Kinosaal mit einer ortsansässigen Theatergruppe wieder zum Leben erwecken wollte.

OHNE GLANZ UND GLORIA Über ein Vierteljahrhundert stehen Kino und Hotel nun schon leer. Dem ehemaligen Prestigeobjekt wurde übel mitgespielt. Nichts an der zerbröckelnden Fassade des heruntergekommenen Gebäudes erinnert mehr an den Glanz vergangener Tage. Heute blättert die verwaschene Farbe an allen Ecken. Die Fenster sind mit Brettern notdürftig verbarrikadiert. Die ehemalige Einrichtung war viele Jahre quasi im Originalzustand erhalten: türkisblaue Plüschsessel, eine rote Bartheke, der kleine Verkaufskiosk, wo man Getränke, Snacks und natürlich die Tickets kaufen konnte, ein Piano … viele Erinnerungsstücke, von denen keines den Vandalismus heil überlebt hat. Dass hier einst das Leben nur so blühte und eine charismatische Filmelite residierte – kaum vorstellbar! Es bleibt spannend, was aus dem geschichtsträchtigen Ort werden wird. Oder sollte dieses einst so schmucke Hotel mit den geliebten Weserlichtspielen sang- und klanglos in sich zusammenfallen?

Rund um Vlotho

Auf der anderen Seite der Weser, nicht weit entfernt, liegt die Ruine der Burg Vlotho. Ein Aufstieg wird belohnt mit einer herrlichen Fernsicht auf den Ort. Und wen es weiterzieht: In zehn Kilometer Entfernung steht Schloss Varenholz, heute ein Internat. Ein erhaltener Torbogen erinnert dort an die Zeit als lippisches Babelsberg. Von hier kann man auch gleich einen weiteren Lost Place erkunden (siehe Seite 74 ff.).

Die Butzenscheiben lassen den Gastraum erahnen und sind anders als die meisten anderen Scheiben noch einigermaßen intakt.

23

KURSCHATTEN

Das Sanatorium Ernstmeier in Bünde

Die Gesundheitsreform brachte Unruhe in Deutschlands Kurlandschaft. Das Traditionshaus in Randringhausen musste kapitulieren.

Adresse Bäderstraße 130/134, 32257 Bünde, Kreis Herford **GPS** 52.23472, 8.6055838
Anfahrt Mit dem Auto über die A30 bis Bünde, von dort auf der Dünner Straße Richtung Randringhausen; mit dem Bus 541 bis Haltestelle Randringhausen Ernstmeier, von dort ca. 150 m zu Fuß Richtung Norden

Im Badehaus ließ man es sich gut gehen. Es war das Herzstück des Sanatoriums und lockte auch viele Tagesgäste an.

KURGARTEN-ELDORADO Ostwestfalen-Lippe hat den Spitznamen »Heilgarten Deutschland« nicht zu Unrecht. Zwischen Wiehen- und Eggegebirge tummeln sich gut die Hälfte aller Bäder und Kurgärten ganz Nordrhein-Westfalens. Hier findet man alles – vom Moorschlamm über salzige Luft wie an der Nordsee bis hin zum schwefelhaltigen Wasser. Das staatlich anerkannte Erholungsgebiet Randringhausen mit Blick auf den Wiehenkamm ist schon seit dem 18. Jahrhundert ein beliebtes Kurgebiet.

AM ANFANG WAR DIE QUELLE Der Kurpark in Randringhausen mit dem Ostbach mittendrin ist ein ehemaliges Moorgebiet mit eisen- und schwefelhaltigen Quellen. 1928 gaben die Landwirte Heinrich Wilmsmeier und Wilhelm Ernstmeier Bohrungen in Auftrag. Die Analysen waren vielversprechend und bestätigten im Quellbereich schwefelhaltiges Wasser, womit die Grundsteine für ihre Kurhäuser gelegt waren. Ernstmeier, im Besitz von drei Quellen, spezialisierte sich auf Behandlungen mit Moor- und Schwefelbädern. Sein Badehaus bot zehn Betten und umfasste Räume für Krankengymnastik und Kosmetik sowie diverse Badewannen, von der Holzwanne mit Schwefelmoorbad über ein Schwefel-Bewegungsbad bis zur Stangerwanne mit Wechselstrom. Natürlich waren Sauna und Solarium, Kneipp und Kosmetik Teil der Kurpackung. Gleich gegenüber befand sich das Hotel mit 80 Betten. Das hoteleigene Restaurant bot zum Hauptgang Wiehengebirgs-Panorama, das Café offerierte Kaffeekännchen und feines Gebäck mit Blick in den Kurpark. Ein großer Swimmingpool und e in Kurpark mit Tretbecken rundeten das Angebot ab. Dort konnte man mit dem Kurschatten lustwandeln oder die Seele baumeln lassen. Wellness war noch kein Begriff, es gab sie aber schon.

Bei den vielen Abteilungen im Badehaus konnte man sich durchaus verlaufen.

MORGENS FANGO, ABENDS TANGO Um in den Genuss der Heilangebote zu kommen, brauchte ein Kurgast nicht zwingend einen stationären Aufenthalt auf Krankenschein. Gesundheitssuchende kamen gern einfach zur ambulanten Behandlung ins Bäderhaus. »Morgens Fango, abends Tango« war in den Hochzeiten des Kurbetriebs nicht nur ein mit Schmunzeln vorgetragener Spruch, sondern gelebte und gepflegte Realität. Und als ab 1957 mit der Rentenreform quasi jeder eine Kur bewilligt bekam (damals galt »Reha vor Rente«), florierte das beliebte Kurhaus, das 1978 sogar zum Sanatorium »gekrönt wurde«. Man ließ es sich gutgehen …

UNRUHE IM HEILGARTEN Umso unerbittlicher schlugen 1996 und ein weiteres Mal 2004 die Gesundheitsreformen zu. Sanierun-

Das Dach sieht an einigen Stellen nicht mehr vertrauenerweckend aus.

gen standen an, die Krankenkassen wurden geiziger, der Zugang zum Rezept schwierig. In den Kur- und Bäderbetrieben ging es nun ans Eingemachte, denn die Betten blieben kalt. 2009 meldete die Eigentümerfamilie Meyer zu Knolle Insolvenz an. Man war zunächst noch hoffnungsvoll, rechnete mit einer schnellen Wiedereröffnung, startete mit Modernisierungsarbeiten, der 1960er-Jahre-Charme sollte weg. Das benachbarte Kurhaus Wilmsmeier, nicht ganz so gebeutelt, unterstützte, übernahm Patienten und Kurse. Der endgültige Genickbruch kam, als während der laufenden Renovierungsarbeiten bei einer regulären Überprüfung Keime im Wasser gefunden wurden, hervorgerufen durch die alten Leitungen. An einen Verkauf und eine schnelle Wiederaufnahme des Betriebes war nun nicht mehr zu denken. Zu umfangreich und kostspielig waren die erforderlichen Sanierungsarbeiten. Schon kurz nach der Schließung waren Hotel und Bäderhaus massivem Vandalismus ausgesetzt, was bald auch von außen sichtbar war. Den anderen Kurhäusern in der Gegend und der Stadt sowieso war das vor sich hin rottende Kur-

Vom eigenen Balkon des Hotelzimmers hatte jeder Gast eine Panoramasicht auf das Wiehengebirge.

haus ein Dorn im Auge. Die Kommune kaufte deshalb im Dezember 2012 den Kurpark und kümmerte sich um dessen Pflege; er ist bei (Kur-)Gästen, Wanderern und Sportlern bis heute ein beliebtes Ausflugsziel.

IN DEN SCHLAGZEILEN Das Sanatorium Ernstmeier geriet kurz darauf, 2013, das erste Mal in die Schlagzeilen – und zwar wegen Verstoßes gegen das Datenschutzgesetz: Unterlagen aus dem Hotel waren im Internet aufgetaucht. Ein größerer Skandal bahnte sich aber 2020 an: Diesmal waren es Patientenakten und Kurkarten mit sensiblen Daten, die in einem Keller gefunden worden waren. Daraufhin verkaufte die Erbengemeinschaft die gesamte Anlage an zwei Investoren: der eine übernahm das Bäderhaus, der andere das Hotel, auch wenn diese Bezeichnungen schon lange nicht mehr zutreffen, denn das Ausmaß der Verwüstung ist mittlerweile immens; als wäre ein Tsunami durch die Räume gewirbelt und hätte anschließend sämtliches zerstörte Inventar aus dem Fenster geworfen. Trotz allem kann man den Charme, besonders beim Bäderhaus, noch erahnen. Was die beiden Investoren vorhaben, ist noch ungewiss. Die Konkurrenz nebenan, das Kurhaus Wilmsmeier, hat es dagegen geschafft. Auch dieses Haus musste 2014 Insolvenz anmelden, konnte aber nach zwei Jahren wiedereröffnen. Heute heißt es Kurhaus Bültermann.

Kuren im Park

Im angrenzenden Kurpark befindet sich die Schwefelquelle. Ihr Wasser ist olfaktorisch zwar gewöhnungsbedürftig, gilt aber als gesundheitsfördernd und als bekömmliches Trinkwasser. Das Tretbecken kann von Mai bis September zu Kneippkuren und zur Entspannung genutzt werden.

↓ Im Hotelschwimmbad erreicht der Vandalismus seinen traurigen Höhepunkt.
↘ Blick durchs Fenster ins Treppenhaus des Bäderhauses

Das kleine Schalthaus ist noch komplett erhalten.
Ob man es schlicht vergessen hat?

24

»IN LÖHNE UMSTEIGEN«

Das Bahnbetriebswerk in Löhne

Schneller Aufstieg, schneller Fall: In der Werre-Stadt lag einst einer der wichtigsten Verkehrsknotenpunkte Westfalens. Das machte sie kurzfristig zum Mittelpunkt der Welt – und langfristig unsterblich.

Adresse Bünder Straße, 32584 Löhne-Ort, Kreis Herford
GPS 52.19126, 8.693596 **Anfahrt** Mit dem Auto über die A30 oder die B611 bis Ausfahrt Gohfeld; mit der Bahn bis Löhne Bahnhof

HAUPTKNOTENPUNKT Vielleicht ist »Mittelpunkt der Welt« doch etwas übertrieben, aber Löhne war tatsächlich im 20. Jahrhundert jahrzehntelang ein Hauptknotenpunkt im Gleisgeflecht Nordwestdeutschlands: Wer von Berlin nach Paris oder Amsterdam oder vielleicht auch nur von Osnabrück nach Minden oder Bielefeld wollte, der musste über Löhne. Bereits Mitte des 19. Jahrhundert waren verschiedene Eisenbahngesellschaften gegründet worden. In Löhne trafen deren Strecken aufeinander. Aufgrunddessen wuchsen die Löhner Bahnhofanlagen in kurzer Zeit rasant: Personenbahnhof, Güterbahnhof, vor allem aber der Rangierbahnhof mit dem angegliederten Bahnbetriebswerk. Von oben glichen die Gleisanlagen mit ihren Weichen, Kreuzungen, Über- und Unterführungen einem Burda-Schnittmuster. Wichtiger als die Personenbeförderung war in Löhne aber der Gütertransport, der im 20. Jahrhundert noch über Schienen rollte und nicht die Autobahnen verstopfte. Wo aus allen Himmelsrichtungen Eisenbahnlinien aufeinandertreffen und Güterwaggons den Kurs wechseln müssen, damit ihre Fracht das richtige Ziel erreicht, muss naturgemäß ständig rangiert werden – mit vielen Waggons eine Herausforderung, die jede Menge Platz benötigt. Die ganze Anlage wuchs und wuchs und mit ihr das Bahnbetriebswerk: Es gehörte mit seinem 20-ständigen Ringlokschuppen zu den ganz großen in Westfalen.

ZERSTÖRUNG VON OBEN Im Zweiten Weltkrieg fielen binnen wenigen Minuten 22.000 Brand- und Sprengbomben auf den Löhner Bahnhof. Es versteht sich von selbst, dass dabei viel zerstört wurde. Auch das Bahnbetriebswerk hatte einiges abbekommen. Dafür erhielt Löhne im Zuge des Wiederaufbaus in den 1950er-Jahren ein neues Herzstück: eine 23-Meter-Drehscheibe, auf die jedes Dampflokomotivenmodell der Deutschen Bundesbahn passte und eine Runde hätte drehen können.

Gemauerte Streifen im Gelände zeigen noch an, wo der Lokschuppen einst seinen Platz hatte.

AUSRANGIERT Als in den frühen 1970er-Jahren die Elektrifizierung der Bahnstrecken auch Löhne erreichte, verlor das Bahnbetriebswerk langsam, aber sicher seine Bedeutung. Die Anlagen wurden schlicht nicht mehr gebraucht – weder Kohle noch Wasser. Der Rückbau, der Mitte der 1980er-Jahre in der Auflösung der Betriebsanlagen gipfelte, begann. Etliche Jahre rottete das Betriebswerk vor sich hin, während das Gelände zu einem beliebten, aber natürlich illegalen Fotomotiv mutierte – bis im Jahr 2020 die Deutsche Bahn die Abrissbirnen schickte und das Stellwerk und den fotogenen Lokschuppen dem Erdboden gleichmachte. Ein paar Spuren finden sich dennoch. Man sieht Fundamente der alten Dieseltanks, Prellböcke und alte Schienen, die ins Nirgendwo führen, alles halb verschlungen von Brombeerdornen und Hagebuttengeäst. Nur das alte Schalthaus wurde irgendwie vergessen und steht nun einsam und allein am Rand, dort, wo die Drehscheibe einst rotierte, um die Dampflokomotiven in einem sicheren Hafen übernachten zu lassen.

Die Stützen hielten einst einen mächtigen Tank am Platz.

IMMERHIN UNSTERBLICH Der Personenbahnhof Löhne ist noch in Betrieb, wenn auch längst kein Hauptknotenpunkt mehr, sondern ein einfacher Regionalbahnhof. Was ihm aber keiner mehr nehmen kann, ist die literarische Bedeutung: Erich Maria Remarque hat mit dem einen Satz »In Löhne umsteigen« in seinem 1928 erscheinenden Werk *Im Westen nichts Neues* den Bahnhof unsterblich gemacht. Im Buch müssen die auf ihren Stuben unter Stahlbetten liegenden Soldaten auf diesen Satz hin blitzschnell zum nächsten Bett robben. So sollen sie auf die gefährliche Tunnelquerung in Löhne beim anstehenden Heimaturlaub vorbereitet werden. Dreimal schon ist die Romanvorlage verfilmt worden, zuletzt im Oskar-prämierten Film von Edward Berger. Dort allerdings spielte diese Löhner Szene keine Rolle.

Kulturbahnhof

Vom Bahnbetriebswerk sind es knapp 1,5 Kilometer bis zum Löhner Bahnhof am Remarqueplatz. Dort ist der ehemalige alte Wartesaal der ersten Klasse mittlerweile zum Kulturbahnhof umfunktioniert worden. Hier finden nun Musik- und Literatur-Events statt. Im Bahnhof sieht man auch die Szene dargestellt, in der die Soldaten unter ihren Betten auf den berühmten Satz warten. Sie hängt großformatig neben anderen Bildern zur Bahngeschichte im langen, schmalen Tunnel, der zu den Gleisen führt.

Auf wenigen Quadratmetern Schalter über Schalter.
Viele sind noch gut beschriftet und verraten, was geschaltet wurde.

25

RUHE IN FRIEDEN

Der alte Friedhof in Herford

Faulende Körperteile, Schädel mit Resten von Haut und Haaren – der Platz auf dem Kirchhof wurd eng und enger, die Luft zum Atmen dünn und dünner.

Adresse Hermannstraße, Ecke Friedhofstraße 32051 Herford, Kreis Herford **GPS** 52.110948, 8.668266 **Anfahrt** Mit dem Auto von Bielefeld über die B61, ein Parkplatz befindet sich direkt vor dem Alten Friedhof; mit dem Bus (mehrere Linien) bis Haltestelle Schulzentrum/Aawiesen

Einige der Inschriften sind hervorragend zu entziffern, während andere ein unmöglich zu dechiffrierendes Rätsel darstellen.

PLATZMANGEL Bis Ende des 18. Jahrhunderts war es allgemein üblich, die Gebeine der Verstorbenen direkt neben der Kirche auf dem Kirchplatz zu begraben – man wollte dem Herrgott schließlich so nah wie möglich sein. Um einen frischen Platz zu finden, nutzte man eine lange Eisenstange, den sogenannten Totenstecher. Die Suche brachte meist schnell das vorhersehbare Ergebnis: Es gab keinen ungenutzten Flecken mehr, der Leichenhof war voll. Verwunderlich war das nicht: Kriege, Krankheiten und Seuchen lieferten einen immensen Nachschub an toten Körpern. Der Tod war nicht wählerisch und nahm sich, was er kriegen konnte. Alte, Kranke, Verwundete und viele Kinder, Gebein stapelte sich auf Gebein. Als es nicht mehr möglich war, die Leichen vollumfänglich und in der nötigen Tiefe mit Erde zu bedecken, blieb nichts anderes übrig, als den Friedhof in die Höhe wachsen zu lassen. Also wurde Erde aufgeschüttet. Allerdings ist in einer regenreichen Gegend wie Ostwestfalen ein unbefestigter Erdhaufen wenig beständig. Arme, Beine, Rümpfe ragten durch Erde und Matsch hervor, teilweise waren ganze Schädel sichtbar, halb verfault mitsamt Haut und Haaren. Die hygienischen Zustände wurden katastrophal und ein Nährboden für immer weitere Tote. Weder

↑ Es lohnt sich, die Grabsteine von allen Seiten zu betrachten, …

↗ … auch wenn man für manchen etwas tiefer ins Unterholz kriechen muss.

Anblick noch Geruch mag man sich heute vorstellen.

DER »CODE NAPOLÉON« Eine Lösung musste her. Sie kam in Form eines detaillierten Gesetzeswerks, das Napoleon Bonaparte 1806 in Frankreich eingeführt hatte, denn dort waren die Zustände mindestens genauso schlecht. Dieser »Code Civil«, im Volksmund als »Code Napoléon« bekannt, wurde nun direkt auch für die besetzten Gebiete in Deutschland durchgesetzt. Der Code besagte, ein Friedhof müsse außerhalb der Stadtmauern liegen – und dürfe von außen maximal 35 Meter an selbige heranreichen. Kirche und Bevölkerung reagierten empört auf die Verordnung und protestierten immens – man wollte seine Lieben nach deren Ableben weiterhin in geweihter Erde, ganz nah bei sich und dem Allmächtigen behalten – und erfolglos. Die innerstädtischen Friedhöfe landauf, landab wurden geschlossen. In Herford eröffnete 1808 trotz massiven Widerstands seitens der Bevölkerung die damals neue, heute aber als »Alter Friedhof« bekannte letzte Ruhestätte im heutigen Aawiesenpark: Herfords erster kommunaler Friedhof. Wer konnte, brachte Grabsteine und Beine aus der Innenstadt an den neuen Ort. Dummerweise kam auch dieser Friedhof schneller als gedacht an seine Kapazitätsgrenze. Schon knapp 70 Jahre später war seine Fläche erschöpft. Erneut drohte Überfüllung. Aber diesmal konnte man das Areal auf die andere Straßenseite hin erweitern, bevor sich die katastrophalen Zustände wiederholten. Dort fand 1874 die erste Bestattung statt. Dieser Friedhof wird auch heute noch genutzt.

IN GUTER NACHBARSCHAFT 1957 wurde das weitläufige Gelände des Alten Friedhofs in eine Parkanlage zur städtischen Naherholung umgewandelt. Zum Glück durften sowohl die schönen alten Bäume als auch die verwitterten Grabsteine im Park verweilen

Seit über 300 Jahren trotzt dieser Stein Wind und Wetter.

und bilden eine romantisch-schaurige Kulisse aus windschiefen Statuetten, schlanken Obelisken und flachen Platten, für die man teilweise tief ins Eibengeäst kriechen muss, um sie zu entdecken. Ganz unterschiedliche Stile sind erkennbar: Neben vielen Gedenksteinen aus der Zeit des Historismus finden sich einige beeindruckende Relikte aus der Renaissance und des Barocks. Mit Engelsköpfen, Kränzen für die Ewigkeit, Weintrauben für das Blut Christi, Kronen und Knochen für den Tod sind sie reich geschmückt. Auf einigen Rückseiten lassen sich verwitterte letzte Grüße für den Weg in den Himmel entziffern. Über 300 Relikte sind noch erhalten und liegen weit verstreut auf dem Gelände in direkter Nachbarschaft zu Sportanlage, Klettergerüst und Picknickwiese.

DAZUGESTELLT Mitten zwischen den Grabsteinen ragt ein Mahnmal hoch in den Himmel. Mit dem Ende des Deutsch-Französischen Krieges (1870–1871) und der Gründung des Deutschen Kaiserreiches wurden Ehrenmale zum Gedenken an die Gefallenen auf prominenten Plätzen in der Stadt- oder Dorfmitte platziert. So auch in Herford – bis man dieses Kriegermal am 21. Januar 1964 mehr oder weniger stillschweigend in den Aawiesenpark versetzte, wo es sich nun zwischen den von Moosen und Flechten überwachsenen Denkmälern hervorragend einfügt, sodass den meisten Besuchern gar nicht auffällt, dass es hier eigentlich nichts zu suchen hat.

Durch den Aawiesenpark

Die ehemalige Stadtmauer verlief nahe des Alten Friedhofs, der ursprüngliche Kirchplatz ist nur einen Katzensprung entfernt. Quer durch den Aawiesenpark spaziert man gemütlich neben der Aa am Frederica-Ufer entlang bis zum Münsterkirchplatz, wo sich heute Rathaus, Wochenmarkt und das Münster St. Marien und Pusinna den Platz teilen.

Gut getarnt durch Baumbewuchs, trotzdem unverkennbar: der Verlauf der ehemaligen Schießstände

26

ABSCHUSS

Der alte Schießstand im Nordrhedaer Forst

Es war und ist ein Trainingsplatz für Grenzerfahrungen, denn nur Übung macht den Meister, egal, ob beim Töten, Küssen oder Mountainbiken.

Adresse Nordrhedaer Forst, Emser Landstraße, 33334 Gütersloh, Kreis Gütersloh **GPS** 51.894083, 8.330470 **Anfahrt** Mit dem Auto von Rheda über die Moorstraße, dann die Emser Landstraße bis zum Waldrand, zu Fuß noch 10 min weiter (von Gütersloh aus ist die direkte Zufahrt zur Emser Landstraße verboten); mit dem Bus 44 von Gütersloh Bahnhof bis Emser Landstraße, von der Haltestelle ca. 20 min Fußweg

TRÜGERISCHER FRIEDE In der Westfälischen Bucht zwischen Gütersloh und Rheda-Wiedenbrück, eingerahmt von Ems und Wapel, liegt der Nordrhedaer Forst. Das friedliche kleine Wäldchen ist bei Hundebesitzern ein beliebter Treffpunkt, um ihre Vierbeiner auszuführen und gemütlich über den hier typischen weichen Sandboden zu schlendern. Die Gassi-Geher teilen sich den Wald mit Joggern, Walkern und einer Handvoll Mountainbikern. Letztere haben es selbstverständlich eilig und kreuzen rasant den Weg. Alles harmlos, alles friedlich, man kennt und grüßt sich. Der Friede wird nur unterbrochen, wenn Vierbeiner eine eigene Vorstellung vom Spaziergang durchsetzen möchten und verzweifelte Herrchen und Frauchen eine nicht vorhandene Disziplin lautstark durchzusetzen versuchen. Ansonsten: Stille. Der Blättermantel der Bäume im Nordrhedaer Forst ist im Vorfrühling nicht besonders dicht, das idyllische Wäldchen noch licht. Deshalb sieht man den Farbklecks zwischen den noch kahlen Ästen schon von Weitem. Die bunten, fröhlichen Farben lassen an einen Waldkindergarten denken, ein Kunstwerk wäre auch noch vorstellbar. Aber je näher man kommt, desto offensichtlicher wird, was selbst leuchtende Farben nicht mehr schönfärben können: Das ist ein Platz, der erschaffen wurde, um das zielsichere Töten zu trainieren.

POCKENNARBENARTIGE ZEUGNISSE Die Schießanlage wurde Mitte der 1930er-Jahre gleichzeitig mit dem Militärflughafen der deutschen Luftwaffe an der Marienfelder Straße in Gütersloh erbaut. 1937 nahm die Wehrmacht den Schießstand in Betrieb. Und auch nach dem Zweiten Weltkrieg wurde die Anlage weiter benutzt, zuerst durch die im nahen Gütersloh stationierten Briten, dann von den Einheiten der Nachrichtenkasernen und des Flugplatzes in Gütersloh. Später trainierten sogar Polizei und Bundesgrenzschutz ihre Einsatzfähigkeit. Im quaderförmigen Bunker

Es war eine beliebte Mutprobe: einmal durch die enge Anzeigerdeckung. Die Aussicht auf Belohnung machte es möglich.

Der Kugelfang ist heute eine riesige Leinwand für Graffiti.

wurde die Munition gelagert. Dahinter schließt sich der mächtige Kugelfang an. Die riesige, etwa 70 Meter lange Betonwand diente dazu, Hochschüsse abzufangen. Die pockennarbenartigen Einschusslöcher in der Wand und die rostigen Metallstifte, die dort, wo Holzverkleidungen befestigt waren, noch stecken, sind eindeutige Zeugen. Der Verlauf der ehemaligen Schießstände lässt sich noch gut erkennen.

ÜBUNG MACHT DEN MEISTER 1963 wurde das enteignete Land an seine rechtmäßigen Eigentümer – Besitzer eines Hofes, ganz in der Nähe gelegen – zurückgegeben. Im Geheimen aber übernahm die örtliche Jugend das Areal. Die wusste es nämlich ebenfalls zu nutzen. Noch in den 1980er-Jahren war das Hinabsteigen in den engen Tunnel der ehemaligen Anzeigerdeckung eine beliebte Mutprobe. Wer es schaffte, sich in der Dämmerung durch den engen Schacht zu zwängen, war ein Held. Wenn man mit der Smartphone-Funzel in die zwei Eingänge vor dem Kugelfang hineinleuchtet, bekommt man eine Ahnung, welchen Schneid es den jugendlichen Kontrahenten wohl abgefordert haben muss, sich hindurchzuzwängen, um mit einem deutlichen Gewinn an Reputation wieder an die frische Luft zu gelangen. Nicht selten diente der abgelegene Ort aber auch für ein angenehmeres Training. Insbesondere die niedrige Mauer vor dem Bunker eignete sich für ein Stelldichein und war bequem genug, um ausgiebig das Küssen zu üben. Seit vielen Jahren schon sind die Eingänge bis auf eine kleine Aussparung zugemauert und so für jegliche Mutproben geschlossen. Im Tunnel ist nun ein Fledermaus-Domizil.

UMFUNKTIONIERT Heute dient die Wand als riesige Leinwand, auf der sich Graffiti-Künstler mit bunten Werken verewigt haben. Das unebene Gelände wird zudem gerne von

Im Schutz der dicken Bunkermauern wurde leidenschaftlich das Küssen geübt.

eben jenen rasanten Mountainbikern genutzt. Auch der Bunker hat noch eine Funktion: Die Stadtwerke Gütersloh haben sich eingemietet und nutzen ihn als Lager. Allerdings nicht für Munition.

Im Wapelbad

In den warmen Monaten hat das nahe Wapelbad, ein Licht- und Luftbad, geöffnet. 1925 wurde dieser Abschnitt der Wapel als Freibad genutzt. Ein paar Jahre später kamen ein Kiosk und Umkleidekabinen dazu. Bis in die 1960er-Jahre herrschte im Sommer Hochbetrieb. Dann wurde es aufgrund schlechter Wasserqualität geschlossen. Heute können nur noch die Allerkleinsten im niedrigen Kinderbad das kühle Nass genießen, alle anderen dürfen nur Luftbaden. Für alle gibt es aber Konzerte, sportliche Aktivitäten und ein Gütersloher Nationalgericht, das es ausschließlich hier gibt: den Wapelstern.

27

LOGENPLATZ

Die Erbbegräbnisse am Lotteberg

Wer es sich leisten konnte, wählte alternative Begräbnisformen für seine letzte Ruhestätte. Zu Beginn der Romantik standen Ausblick und Individualität dabei hoch im Kurs.

Adresse Grüner Weg 30, 33790 Halle (Westfalen), Kreis Gütersloh **GPS** 52.06135, 8.37517
Anfahrt Mit Auto oder zu Fuß von Halle (Westfalen) über Grüner Weg bis Wanderparkplatz

Auf dem Obelisken hinter dem Tor stand einst ein Engel. Irgendwann war er dann verschwunden.

AUFKLÄRUNG Während um 1800 überall in Preußen gläubige Christen erbittert gegen das Dekret protestierten, alle Leichenhöfe außerhalb der Innenstädte zu verlagern (siehe Seite 118 ff.), machte sich in Halle ein Grüppchen aufgeklärter Bürger ganz unabhängig Gedanken über alternative Begräbnisformen. Im Bildungsbürgertum bröckelte hier und da der tief verwurzelte christliche Glaube als alleinige Erklärung für alles in der Welt. Rationales Denken bahnte sich den Weg in den Alltag der Menschen. Die unhaltbaren hygienischen Zustände auf dem proppenvollen Gottesacker halfen sicher kräftig mit, modernes Gedankengut zu festigen: Wo wäre eine geeignete letzte Ruhestätte möglich, wenn rund um die Sankt Johanniskirche alle Möglichkeiten ausgeschöpft waren? Dort war schlicht kein Platz mehr, auch wenn man die älteren Knochen regelmäßig ins Beinhaus brachte. Denn selbst dieses drohte aus allen Nähten zu platzten – und wurde 1749 zur Gänze entfernt (was aber das Problem mit den nachrückenden Leibern rund um die Kirche nicht im Geringsten löste).

Viele der Inschriften sind noch halbwegs zu entziffern ...

AUSDRUCK VON PERSÖNLICHKEIT Während die streng gläubigen Haller trotz der desolaten hygienischen Verhältnisse an ihrem Kirchhof als letzter Ruhestätte festhalten wollten, reifte bei einigen wohlhabenden Bildungsbürgern der Stadt eine neue Idee: Sie waren als Hausbesitzer durch das Allgemeine Preußische Landrecht zum Erwerb von weiterem Grund und Boden berechtigt – so durften und konnten sie sich eigene Grundstücke leisten. Da sie überzeugt waren, dass ihre Lieben auch in räumlicher Entfernung zur Kirche dem Herrgott noch nah genug sein würden, fanden sie außerhalb der Stadt inmitten der Natur am Lotteberg einen besonders attraktiven Logenplatz. Hier oben hatten sie nicht nur eine grandiose Aussicht, sondern auch den nötigen Raum, sich äußerst individuelle Grabstätten zu bauen. Die aufkommende Epoche der Romantik lieferte praktischerweise schier überbordende Ideen zur Gestaltung. Heute sind noch zwölf der Gräber erhalten. Jedes ist individuell angelegt. Einige kommen eher nüchtern daher, andere, dem Zeitgeschmack entsprechend, romantisch verspielt und mit sehr persönlichen Inschriften versehen. Ein solches Erbbegräbnis befindet sich etwas abseits, mitten auf dem Feld, windgeschützt umgeben von ein paar Bäumen. Es ist eines der ersten, die damals errichtet wurden – und das einzige, wo tatsächlich noch Bestattungen stattfinden.

... und verraten manchmal auch einiges über die Verstorbenen.

EIN TOTENACKER FÜRS GEMEINE VOLK Selbstverständlich konnte sich nicht jeder Haller Bürger einen solch feudalen Platz auf dem Lotteberg leisten. Ein alternativer Gottesacker musste deshalb auch für die gemeinen Bürger her. So entstand 1828 der Friedhof an der Bahnhofsstraße. Als der Beschluss für diesen neuen Platz feststand, musste schnell handeln, wer seinen Grabstein retten wollte. Nur vierzehn Tage ließ die Regierung den Bürgern, dann wurde der gesamte alte Kirchhof dem Erdboden gleichgemacht. Inzwischen ist auch der neue Friedhof schon lange an seine Kapazitätsgrenze gekommen – das letzte Begräbnis fand hier 1994 statt.

Weitere Gräber in Halle

Die Erbbegräbnisse sind sicher die ungewöhnlichsten, aber nicht die einzigen noch erhaltenen Grabstätten aus der Zeit um 1800 in Halle: Der Friedhof I mit Skulpturenpark an der Bahnhofsstraße und die Apothergräber nahe der Haller Kaffeemühle lohnen einen Besuch. Im Zentrum, wo sich um die Sankt Johanniskirche der ursprüngliche Kirchhof und das Beinhaus befanden, erinnert zwar nichts mehr an Leichengräber und Gebeine, aber äußerst sehenswert ist das sogenannte »Haller Herz« mit den alten Fachwerkhäusern allemal.

Mal romantisch verspielt, mal gradlinig geometrisch:
Jedes Grabmal ist individuell gestaltet. Erlaubt war, was gefiel.

Eintritt erhielt auf der anderen Seite, wer 18 Jahre alt war und sich in »straßenverkehrstauglichem Zustand« präsentierte.

28

ZWISCHENSTOPP IM SPERRBEZIRK

Die Restauration Dreischlingen in Steinhagen

Vier, zwei, drei, eins – können die Ostwestfalen nicht zählen? Aber ja doch – hinter den Zahlen und dem sonderbaren Namen »Schlinge« steckt mehr, als man auf den ersten Blick erahnt.

Adresse Haller Straße 1, 33803 Steinhagen, Kreis Gütersloh **GPS** 52.01400, 8.45297
Anfahrt Mit dem Auto von Halle (Westfalen) oder Bielefeld aus über die L756 (früher B68); mit dem Bus 48 von Bielefeld oder Bus 142 von Steinhagen bis Haltestelle Steinhagen Schomeier

AUSSICHTSREICH Aufrecht, blass und komplett unbekleidet sitzen die Damen auf dem Dach, jede auf ihrem eigenen First. Sie schauen in die Ferne auf den malerisch vor ihnen ausgebreiteten Teutoburger Wald, während unter ihnen tagein, tagaus Pendler von A nach B brausen. Die allermeisten würdigen sie keines Blickes, wissen nicht mal von ihrer Anwesenheit. Nur der ein oder andere, der schaut ab und an verstohlen hoch und hätte auf dem Nachhauseweg gerne einen kurzen Zwischenstopp bei ihnen eingelegt.

WER REIST, MUSS RASTEN Die Geschichte von der Restauration Dreischlingen begann 1844 mit einem schwarz-weißen Schlagbaum. Wer mit einem Fuhrwerk unterwegs war, musste Wegezoll zahlen – es sei denn, er fuhr unbeladen oder einen Leichenwagen. Grund für die Straßennutzungsgebühren war die neue Chaussee, also eine befestigte Straße, die von Halle nach Brackwede führte und den alten staubigen oder, je nach Wetterverhältnissen, matschigen Handelsweg ersetzte. Die Route war ein viel frequentierter Zubringer zum Paderborner Hellweg, einer der wichtigsten Handelsrouten. Besonders die schweren Vier- und Sechsspänner konnten auf der befestigten Straße besser vorankommen. Da der Straßenbau kostspielig war, gab es entlang der Strecke mehrere Mautstellen in Form von Schlagbäumen. Und wo eine Rast erzwungen wird, da bietet sich eine Gaststätte als zweite Einnahmequelle an. 1877 erhielt August Möller die Konzession, eine Schankwirtschaft zu eröffnen – die »Restauration Dreischlingen« war geboren. Schnell florierte das Geschäft, das 1891 von Friedrich Schwarze übernommen wurde. Zu dem Zeitpunkt hatte das Haus einen Kolonialwarenverkauf und zwei Gästezimmer. Nach Schwarzes Tod wurde die Wirtschaft von seiner Witwe Marie weitergeführt und erfreute sich wachsender Popularität. 1932 wurde umfangreich renoviert. Eine Werbeanzeige preiste nun Gartenveranda, Tennisplätze und als Spezialität »Aufschnitt aus eigener Schlachtung« an. Nach dem Zweiten Weltkrieg folgte erneut eine intensive Renovierung. Inzwischen war das Ehepaar Stahlmann Inhaber und feierte 1952 die Wiedereröffnung. Es folgten weitere Besitzer, auch mal Pächter, die Gaststätte Dreischlingen aber blieb ein beliebtes Ausflugslokal … ebenso wie Einschlingen, Zweischlingen und Vierschlingen.

DAS RÄTSEL DER ZAHLENFOLGE Die Gaststätten entlang der Handelsroute zwischen Halle und Bielefeld mit dem sonderbaren Namensende »-schlingen« waren nicht chronologisch nacheinander entstanden. Den Anfang machte im Mittelalter Vierschlingen, dicht gefolgt von Zweischlingen. Damals waren sogenannte Landwehre wich-

Durch die rote Tür wurde nur ganz besonderen Gästen Einlass gewährt.

↑ Die aufmerksame Dame hat immer noch alles im Blick.
↗ »Die Kraft der Leidenschaft« war nicht zu übersehen.

tig, um Diebe und Gauner in Schach zu halten, um Landesgrenzen zu markieren und sich gegen kriegerische An- und Übergriffe zu wappnen. Teilweise nutzte man natürliche Grenzen wie Bäche als Landwehre, teilweise wurden auch Speer- und Grenzwälle gebaut. Um ein Überqueren zu erschweren, wurden Ufer und Wälle mit Hecken aus Dornengestrüpp zusätzlich gesichert. An der dünnsten Stelle errichtete man einen Schlagbaum, eine sogenannte »Schlinge«. Sie wurde von einem »Bäumer« bedient. Die Gegend war wenig besiedelt, Einkehrmöglichkeiten und Unterkünfte rar gesät. Ein Bäumer verdiente in der Regel nichts, durfte aber das Land nutzen. Mit der Verköstigung von Reisenden verdiente er sich einen Taler dazu. Manchmal offerierte er den Reisenden und ihren Tieren auch Verköstigung plus Lager oder reparierte ein Wagenrad. Kurzum: Eine Schlinge wurde, neben ihrer Schutzfunktion für die Grafschaft, eine wichtige Station in der Einöde für Reisende. Die Schlinge in Amshausen erhielt den Namen »Vierschlingen«, und ihr Bäumer wurde in Entsprechung »der Vierschlinger« gerufen, weil eine »Fire« (eine Kiefer) die Stelle markierte. Die nächste Schlinge befand sich entlang des Schlingenweges Richtung Bielefelder Sparrenburg und hieß »Zweischlingen«. Dieser Name entstand, weil die Fuhrwerke tatsächlich zwei Schlagbäume passieren mussten, die versetzt nacheinander die Landwehr unterbrachen. Auch hier entstand eine Schankwirtschaft. Es gab einige solcher Schlingen zwischen der Burg Sparrenberg in Bielefeld und der Burg Ravensberg in Borgholzhausen. Erst mehrere Hundert Jahre später kam dann der Chausseebau. Die neue Straße führte nun nicht mehr über die Schlingenstraße an Zweischlingen vorbei, sondern in gerade Linie zum Brackweder Bahnhof. Man brauchte also eine neue Station für einen Schlagbaum – Auftritt für Nummer drei, »Dreischlingen«. Erst viel später kam »Einschlingen« hinzu, ganz ohne Schlagbaum. Seinen Namen erhielt es, um diese sonderbare Zählfolge abzuschließen.

DIE SCHÖNEN AUF DEM DACH In den 1980er-Jahren wurde »Dreischlingen« umbenannt in »Steinhagener Landhaus«, und nun zogen die Damen auf das Dach. Sie sind nicht die Einzigen, die hier ihre Körper präsentieren. Hinter dem harmlos anmutenden Namen, der deftige Hausmannskost vermuten lässt, steckte ganz offiziell ein Bordell, in dem man sich fortan auf die »Kraft der Leidenschaft« konzentrierte. Die Zufahrt direkt von der Bundesstraße aus sorgte für die im horizontalen Gewerbe gewünschte Anonymität. 2020 aber war die »heiße, süße, starke Fre(ch)heit« passé. Das coronabedingte Kontaktverbot sorgte für geschlossene Pforten. Seitdem sind die beiden Damen auf dem Dach die Einzigen, die hier noch die Stellung halten.

Eins, zwei und vier

Im Gegensatz zu Dreischlingen sind Ein-, Zwei- und Vierschlingen noch in Betrieb. Einschlingen ist heute ein Konferenzzentrum, Zweischlingen eine gemütliche Gaststätte mit vielfältigem Abendprogramm. Und im Vierschlingen gibt es Pizza. Der schöne Teutoburger Wald beginnt direkt vor der Tür, bietet Wanderwege und gleich in der Nähe mehrere Ausflugsziele, zum Beispiel die Hünenburg oder einen weiteren Lost Place (siehe Seite 150 ff.).

Unauffällig kam die Kundschaft hinterm Haus wieder zurück zum Parkplatz.

29

IN DUBIO PRO REO

Der Overbeck-Hof in Werther

Eine Verzweiflungstat an einem kalten Wintertag lässt das Leben auf einem der größten Höfe im Dorf zum Stillstand kommen.

Ort Teutoburger-Wald-Weg 1, 33824 Werther, Kreis Gütersloh **GPS** 52.06978, 8.41461
Anfahrt Mit dem Auto von Bielefeld über die Werther Straße, dann Bielefelder Straße; mit dem Bus bis Werther ZOB

Was mag unter dem Dach des einst prächtigen Deelenhauses passiert sein, das die Bäuerin zu dieser Verzweiflungstat getrieben hat?

SCHRECKLICHE ENTDECKUNG Als der Landwirt an diesem kalten Dezembertag des Jahres 1977 nach Hause kam, wirkte sein Hof still und scheinbar verlassen. Wo waren seine Frau und seine Kinder? Seinen elfjährigen Sohn fand er im Elternschlafzimmer. Aber der Junge schlief nicht, er war bewusstlos. Der Landwirt rief Notarzt und Polizei. Hof und Umgebung wurden durchkämmt. Schließlich entdeckte man auch seine Frau auf dem Heuboden über der Deele; ebenfalls nicht ansprechbar. Die sechsjährige Tochter hingegen blieb verschwunden. Erst am nächsten Morgen wurde der Leichnam des Mädchens im Keller des Hauses geborgen, aus einem Brunnen, 14 Meter tief.

IM ZWEIFEL FÜR DIE ANGEKLAGTE
Schnell stand fest, was hier passiert war – die Obduktion und das Geständnis waren eindeutig: Die Mutter hatte als Erstes die Tochter erhängt und dann in den Brunnen geworfen. Versuche, den Sohn zu töten, scheiterten, ebenso ihr Suizid. Trotzdem wurde sie freigesprochen. Wie konnte das sein? Der Mordfall ging 1979 durch die Presse, nicht nur, weil

Ob in der alten Deele bald wieder Kinderlachen ertönen wird? Die Schuttmulde steht immerhin schon recht lange vor dem Tor.

die Tat an sich so monströs, so unfassbar war, sondern auch, weil dieser Freispruch eines der ersten Gerichtsurteile war, bei denen einem psychologischen Gutachten über die Verfassung eines Angeklagten eine solche Gewichtung zuteil wurde, dass es maßgeblich zur Urteilsfindung beitrug. Nach Paragraf 20 des Strafgesetzbuches hatte man die Mutter der beiden Kinder für während der Tat nicht zurechnungsfähig erklärt. Zwei Gutachten hatten dem Gericht vorgelegen: Eines sprach sich deutlich für eine Unschuldsvermutung aus, das andere, wesentlich kürzer gefasste, nicht. Im letzten Schritt entschied das Gericht: *in dubio pro reo*. Die Frau wurde freigesprochen. Was auch immer die Mutter veranlasst hatte, eine derartige Verzweiflungstat zu begehen, bleibt an dieser Stelle offen.

DER HOF Aufgrund der Berichterstattung in den Medien wurde der Fall über die Grenzen Werthers hinaus bekannt. Und das hatte Einfluss auf den Verkauf des Anwesens – das wollte nämlich keiner haben. Und so wurde der schöne Hof mehr und mehr zu einem Lost Place. Vandalen brachen ein und richteten im Inneren massive Zerstörungen an. Irgendwann war es nicht mehr nur die grausame Vergangenheit, die Käufer abschreckte. Auch die immensen Sanierungskosten, hervorgerufen durch den langen Leerstand und die blinde Zerstörungswut, standen einem Verkauf im Wege. 2013 wurden Pläne bekannt, nach denen der Blotenberg, auf dem sich das Anwesen befindet, Neubaugebiet werden sollte. Noch im selben Jahr wurden auf dem Hof sämtliche Ge-

Der Segensspruch über dem Dielentor ist kaum noch zu entziffern.

bäude bis auf das Haupthaus abgerissen. Dass es noch steht, ist dem Denkmalschutz zu verdanken, der in letzter Sekunde dazwischengrätschte. Die Begründung: Das Wohn- und Wirtschaftsgebäude aus dem Jahr 1856 gehöre zu den wenigen erhaltenen Hallenhäusern in Westfalen, das annähernd im Originalzustand sei. Der Hof selbst besteht schon seit Mitte des 16. Jahrhunderts und war im 17. Jahrhundert das drittgrößte Gehöft in ganz Werther.

JUNGES WOHNEN? Nach nunmehr 40 Jahren des Leerstands fand sich 2021 endlich ein Käufer. Auf der großen Hofanlage sollen Wohnhäuser entstehen und in der Deele im denkmalgeschützten Haupthaus eine Kindertagesstätte einziehen. Ein Bauzaun umrundet zurzeit das Grundstück, die Fenster starren einen teils gähnend an, teils wurden sie verbrettert. Eine rote Schuttmulde hütet den Eingang seit einer ganzen Weile. Wir werden sehen, ob nach all der Zeit hier wieder erfrischendes Kinderlachen einziehen kann oder dies ein weiterer unerfüllter Wunsch bleiben muss.

Werthers Originale

Werther ist natürlich über die Grenzen bekannt für die »echten« Bonbons und den Künstler Peter-August Böckstiegel (siehe Seite 66 ff.). Außerdem führt der Blotenberg direkt hinauf in den Teutoburger Wald zur Arminiusquelle und zum Hermannsweg.

Das Gelände wird genüsslich von Mutter Natur aufgefressen. Bald werden auch die hohen Schornsteine nicht mehr zu sehen sein.

30

STEIN AUF STEIN

Die Bielefelder Hartsteinwerke in Brackwede

Im »größten Dorf Europas« entstanden die weißen Steine, aus denen die Grundmauern zahlreicher ostwestfälischer Häuser bestehen.

Adresse Brackweder Straße 32, 33647 Brackwede, Bielefeld **GPS** 51.982951, 8.522570 **Anfahrt** Mit dem Auto über den Ostwestfalendamm (B61), Abfahrt Brackwede, dann über die Brackweder Hauptstraße; mit der Stadtbahn 1 bis Haltestelle Rosenhöhe

ÜBERGRIFFIG Fast hat sie hier schon wieder alles im Griff. Jedenfalls arbeitet Mutter Natur mit Efeu und langen, hoch in den Himmel wachsenden Bäumen kräftig daran, das alte Gemäuer vollständig zu umschlingen, und frisst sich unermüdlich mit Kraft und Eifer durch zerbrochene Scheiben und eingestürztes Mauerwerk. Nur die zwei schmalen Schornsteine trotzen ihr. Noch. Die Bielefelder Hartsteinwerke waren das erste Werk in der Region, in dem Kalk und Sand zu Kalksandstein gepresst wurden – unverkennbar wird in der Ruine aber schon lange nichts mehr erschaffen, genauer gesagt: schon seit 40 Jahren nicht mehr.

SCHALL UND RAUCH »Bielefelder Hartsteinwerke« – der Name lässt aufhorchen, denn das Unternehmen befindet sich in Brackwede, und das gehörte zur Zeit der Unternehmensgründung nicht zu Bielefeld. Brackwede galt, so weiß es der Volksmund, einst als das »größte Dorf Europas«. Erst Mitte der 1950er-Jahre wurde das Dorf am Rande zur Senne feierlich zur Stadt erhoben. Allerdings währte die städtische Selbstständigkeit nicht lange. Im Zuge einer kommunalen Gebietsreform wurde das »Gesetz zur Neugliederung der Gemeinden und Kreise des Neugliederungsraumes Bielefeld« erlassen – und die eben erst geborene Stadt 1973 ein Stadtbezirk der größeren Nachbarin. Immerhin eines ist geblieben: Brackwede bildet, was die Fläche angeht, den größten Bielefelder Bezirk. Weiß man um die Eigenständigkeit und das Selbstbewusstsein Brackwedes, ist es erstaunlich, dass der Brackweder Architekt August Karl Dopheide seinem 1912 gegründeten Unternehmen den Namen »Bielefelder Hartsteinwerke« gegeben hat. Vielleicht war es schlicht die Hoffnung, dass der Glanz des erfolgreichen Industriestandorts Bielefeld auf ihn abfärbte? Ob es der Name war oder etwas anderes, die Bielefelder Hartsteinwerke legten jedenfalls einen recht flotten Start hin, besonders an-

Der Eingang ist seit 40 Jahren fest vergittert und verriegelt.

gesichts der Tatsache, dass das Material Kalksandstein in der Region nicht sonderlich bekannt war.

DIE ANFÄNGE Alles begann mit einem Eimerkettenbagger, der in der nahen Sandgrube den Sandabbau förderte, und einer Feldbahn, die den weißen Sand zur nahe gelegenen kleinen Drehtischpresse transportierte, aus der rasch eben jenes große Werk wurde, das nun seit so langer Zeit schon verfällt. Zunächst florierte der Betrieb. Allerdings kam schon nach zwei Jahren, 1914 mit dem Ausbruch des Ersten Weltkriegs, das vorläufige Aus für die Produktion. Die Zwangspause hielt zwei Jahre, dann setzte die Fertigung wieder ein. Schon bald übergab Dopheide senior das Zepter an Sohn Karl, der das Unternehmen jedoch nach einigen Jahren an Ernst Hassler verkaufte. Dieser behielt den Bezug zur Großstadt Bielefeld im Werksnamen bei (»Bielefelder Hartsteinwerke Ernst Hassler KG«) und führte das Unternehmen durch die Wirtschaftskrise der Zwischenkriegszeit, durch die Einschränkungen im privaten Wohnungsbau, trotzte auch den Auflagen im Zweiten Weltkrieg und überließ das Geschäft schließlich seinem Sohn Ernst-Jürgen Hassler.

STEINE FÜR BIELEFELD Einige Jahre nach dem Zweiten Weltkrieg entstand im nahen Oerlinghausen ein neues Kalksandsteinwerk. Und eine neue Sandgrube fand sich um die Ecke am Senner Hellweg ebenfalls. Die Grube der ersten Stunde war mittlerweile erschöpft, das Brackweder Werk hatte ausgedient … dachte man. Aber nach dem Weltkrieg war bekanntermaßen die Nachfrage nach Baustoffen enorm. Das Brackweder

↓ Wohin mag diese verrostete Tür geführt haben?

↘ Ausgeschaltet: Hier funktioniert nichts mehr.

Über eine Rampe wurden die Loren mit einer Seilwinde in das obere Stockwerk gezogen.

Stammwerk wurde also nicht geschlossen. Bielefeld hatte der Krieg übel mitgespielt, große Teile der Innenstadt waren komplett zerstört worden. Zum Wiederaufbau wurde jeder Stein gebraucht.

GEFÄHRLICHER ABENTEUERSPIELPLATZ

1972 war aber auch die Sandgrube am Senner Hellweg versiegt und erhielt ein neues Schicksal als Mülldeponie. Davon sieht man inzwischen nichts mehr, denn hier verläuft heute der Stadtring. Dennoch produzierte das Brackweder Werk bis Mitte der 1980er-Jahre weiter. Seitdem steht es still, verfällt und lockt Abenteurer an wie ein Magnet. Deren Zerstörungswille kam der Natur gelegen, konnte sie so schließlich noch viel besser ihre Lianen ausstrecken, um sich das Gebäude einzuverleiben. Seit einem lichterlohen Brand 2012 ist die Industrieruine nun so marode, dass sie wahrscheinlich an einigen Stellen nur noch von Wurzelwerk zusammengehalten wird. Obwohl ein Betreten lebensgefährlich ist, einen Nutzen hat die Ruine immer noch: In einem kleinen Teil absolvieren Rettungshunde ihre Trümmerausbildung.

Farbenprächtige Sandgruben-Wanderung

Durch die »Hassler«-Sandgrube in Oerlinghausen, zwischen deren weiß-gelben Dünen die Heide im Sommer in allen erdenklichen Rottönen blüht, verläuft ein schöner Wanderweg. In einer Ecke des riesigen Sandkastens fördern gelbe Bagger weiterhin etwas Sand. Von einer Waldliege am Hang aus lässt sich das farbenprächtige Ensemble am besten genießen.

31

KURZER PROZESS

Die Mordsteine in der Senne

Der grausame Doppelmord an einer jungen Frau und ihrem Baby wurde nie aufgeklärt. War der Täter ein Bauernopfer?

Adresse Senner Hellweg 280, 33689 Bielefeld **GPS** 51.955367, 8.59285 **Anfahrt** Mit dem Auto über die A2 Abfahrt Bi-Sennestadt, dann über Senner Hellweg bis Parkplatz des Frieda-Nadig-Hauses; mit dem Bus 135 von Bielefeld-Brackwede bis Haltestelle Luheweg

Wer hat die beiden Denksteine herstellen und dann in der Senne aufstellen lassen? Und wer war Anna Tambor?

SCHNÖRKELLOSE MORDANKLAGE Friedlich, den Teutoburger Wald direkt vor der Haustür, liegt das Sennestädter Seniorenheim am Ende einer kleinen Stichstraße. Ein paar Bäume und Büsche rahmen den Alterssitz und bilden ein kleines Wäldchen; ein schmaler Fußpfad führt hinein. Die sanfte Steigung ist leicht mit dem Rollator zu bewältigen. Zielgruppengerecht wartet schon nach wenigen Metern eine Sitzgelegenheit. Ruhig lässt es sich zwischen den knospenden Büschen rasten. Gleich hinter der Ruhebank stehen zwei hohe steinerne Mahnmale. Einige Worte lassen sich sofort entziffern, auch wenn viele der eingemeißelten Buchstaben schon stark verwittert oder sogar ganz vom Zahn der Zeit gefressen wurden. Doch spätestens wenn man die kleine Tafel vor den Steinen entdeckt und den kompletten Text transkribiert bekommt, wird einem die Stille plötzlich zu laut. Was da so schnörkellos in Stein verewigt vor einem steht, ist eine Mordanklage. Eine, die einem das Blut in den Adern gefrieren lässt. Hier wurde einer Frau und ihrem Kind vom Ehemann und Vater brutal das Leben genommen. So scheint es.

FLUCHT INS AUSLAND Am Abend des 3. Oktober 1660 war Lorentz von Siberg auf der Flucht. Er war nicht allein. Seine Frau Anna und die gemeinsame Tochter Maria Helena waren mit ihm unterwegs. Soweit es sich rekonstruieren lässt, wollten die drei im Schatten der Nacht zur nahen Grenze reisen. Mitten durch die karge, unwirtliche Heepensenne verlief die Grenze zwischen dem Herzogtum Preußen und dem Fürstentum Lippe. Warum die kleine Familie augenscheinlich die Landesgrenze überqueren wollte, bleibt Spekulation. Lorentz stand in Diensten des preußischen Militärs und war in Herford stationiert. Alte Akten weisen ihn als einen Dragoner aus, einen einfachen Trommler. Vom Stand war ein Dragoner unterhalb der berittenen Kavallerie anzuordnen; seine Aufgabe war es, vorwegzureiten und wichtige Ereignisse anzukündigen. Als Deserteur musste er um sein Leben fürchten. Das würde erklären, warum die drei in der Dunkelheit im einsamen Grenzgebiet unterwegs waren. Eine Siedlung gab es hier noch nicht, nur den Hellweg, eine Handelsroute. Schafften sie es ungehindert ins Ausland, konnten sie sich, zumindest vorerst, in Sicherheit wähnen. Und Lippe war im 17. Jahrhundert Ausland; der politische Flickenteppich Ostwestfalen-Lippe entstand erst zwei Jahrhunderte später.

Wie gemütlich sitzt es sich mit einer Mordanklage im Rücken?

DER MÖRDER STEHT FEST – ODER DOCH NICHT? Über die Opfer Anna Tambor und ihre Tochter Maria Helena ist nichts bekannt. Warum Lorentz so kurz vor dem Ziel seine Frau und sein Kind ermordete, bleibt unklar. Vielleicht hatte sich ein Streit entwickelt? Vielleicht aber war Lorentz auch nur ein Bauernopfer, das für den wirklichen Mörder büßen musste? Zugegeben hat er die Tat schnell, aber vielleicht auch nur, um der mit Sicherheit folgenden Folterung zu entgehen. Die Todesstrafe wäre so oder so vollstreckt worden.

WIDERSPRÜCHE Neben den Denksteinen, deren Inschriften eindeutig auf brutale Enthauptungen hinweisen, gibt es zu dem Fall einen für die Zeit ungewöhnlich ausführlichen Bericht, in der *Collectanea Ravensbergensia*. Verfasst wurde er vom Bielefelder Amtsschreiber Wolff Ernst Aleman, von 1686 bis 1725 Sekretär der Grafschaft Ravensberg auf der Sparrenburg – allerdings erst 28 Jahre nach der Tat. Laut Aleman wurde der flüchtige Lorentz wegen eines Kirchendiebstahls gesucht und in Rietberg festgenommen. Da er wegen eines klerikalen Vergehens verhaftet worden war, kam er vor ein städtisches, nicht vor ein Militärgericht. Während des Verfahrens kam das Gerücht auf, dass er des Doppelmordes in der Senne schuldig sei. Da er sofort gestand, wurde er zum Tode durch Rädern verurteilt. Woher Aleman ganze 28 Jahre später diese zusätzlichen Informationen hatte, bleibt im Dunkeln. Vielleicht hatte er Zugang zu Gerichtsakten. Merkwürdig ist allerdings, dass Aleman die Inschriften falsch zitiert, insbe-

Der Stadtschreiber berichtet ungewöhnlich ausführlich über den Mordfall, der zu dem Zeitpunkt schon fast 30 Jahre zurücklag.

sondere die Tatsache, dass er die ermordete Frau nicht Anna, sondern Maria nennt. Die anderen Daten und Inschriften in seinem Bericht sind hingegen identisch mit denen auf den Steinen. Aus dem Bericht geht außerdem hervor, dass die Frau hochschwanger gewesen sein soll. Auch das lässt stutzen, weil anatomisch unmöglich, denn laut Stein, war das ermordete Kleinkind gerade mal sechs Monate alt gewesen. Schlussendlich ist es mehr als seltsam, dass Lorentz nach der mutmaßlichen Tat nicht direkt über die greifbar nahe Grenze geflohen war, sondern den recht langen Weg zurück nach Herford und dann Rietberg gewählt haben soll. Auch wann die Denksteine aufgestellt worden sind, ist nicht überliefert – und vor allem nicht, von wem. Wer war Anna Tambor, dass jemand solche Denksteine finanzierte und an einem derart entlegenen Ort in der Senne aufstellen ließ?

WEITHIN SICHTBAR Der heutige Standpunkt hinter dem Seniorenheim ist übrigens nicht der ursprüngliche. Die Sennelandschaft war eine karge Heidelandschaft. In ihr ragten die beiden Steine – schon von Weitem sichtbar – hervor. Sie standen direkt am Hellweg, einer wichtigen Verbindungsstraße von Bielefeld nach Paderborn. Zwei Mahnmale, deren Anklage man nicht entkommen konnte. Erst im Jahr 2012 wurden die Steine an ihren heutigen Standort verlegt.

Entspannte Wanderungen

Nur einen Katzensprung von den Mordsteinen entfernt, quasi um die Ecke des Seniorenheims, erstreckt sich der Teutoburger Wald. Mehrere schöne Wanderrouten verlaufen hier und lassen einen wieder entspannter atmen.

Auf die Plätze, fertig, los! Mittwochabends übte sich die Leistungsschwimmabteilung im Kräftemessen.

32

ERFRISCHENDE ABKÜHLUNG

Das Strandbad Kipp in Bielefeld-Heepen

Zwischen Sand und Bäumen lud das Freibad im Sommer zum Kurzurlaub und sportlichen Wettkampf in traumhafter Idylle.

Adresse Zwischen Ostring und Salzufler Straße, 33719 Bielefeld **GPS** 52.02908, 8.61753
Anfahrt Mit dem Auto von Bielefeld Mitte Richtung Heeper Straße, dann über die Salzufler Straße stadtauswärts, hinter der Siedlung Im Röken weiter auf Fußpfad bis nach der Brücke; mit dem Bus 351 bis Haltestelle Salzufler Straße

Nichtschwimmer waren aber auch herzlich willkommen.

VERGANGENE PRACHT Die acht Ziffern auf den ordentlich nebeneinander aufgereihten Quadern sind noch sehr gut lesbar und lassen sofort erkennen, was hier einst in voller Pracht für Sportsgeist und gute Laune gesorgt hat: ein Freibad. Und wer gerne schwimmt, wird sofort etwas wehmütig, denn dieses muss ein ganz besonders schönes gewesen sein.

BIELEFELD 1924 Anfang des 20. Jahrhunderts gab es in Bielefeld einige Freibäder. Meistens waren es ehemalige Teiche. Familie Kipp aus Heepen eröffnete Anfang der 1920er-Jahre gegenüber vom Schützenberg ein Schwimmbad. Das Grundstück war perfekt: groß genug, und das Becken konnte direkt aus dem Oldentruper Bach gespeist werden. Dessen Quelle wiederum, der Selhausenbach, entspringt im Teutoburger Wald, in Stieghorst, ganz im Süden von Bielefeld. Bestes Wasser also. Das Bad hatte richtig viel zu bieten: Spielwiese, Sandkasten, Sprungturm und einen Imbiss mit Bestuhlung. Das Angebot war ein voller Erfolg in der Bevölkerung. Doch auch die Sportler des Turnvereins Heepen, seit 1921 der Deutschen Turnerschaft angeschlossen, waren sofort Feuer und Flamme für das Kipp'sche Strandbad. Den Sportlern ging es nicht um Planschen und Abkühlung, sondern um Wettkampf. Der Verein gründete extra eine Schwimmabteilung, als klar war, dass er das Bad nutzen konnte. Zu ermäßigten Preisen stand immer mittwochabends das Training der Schwimmer an … ganze zehn Jahre lang, dann beendete der Zweite Weltkrieg den Sommerspaß. Vorerst.

WIEDERERÖFFNUNG Einige Jahre nach Kriegsende, am 25. Mai 1952, wurde das Freibad wiedereröffnet. Der Heeper Sportverein war daran nicht ganz unbeteiligt. Schon einen Monat vor dem offiziellen Startschuss wurde erneut eine eigene Schwimmabteilung ins Leben gerufen, und Bielefeld konnte im Leistungsschwimmen wieder mitreden.

SCHLUSS MIT KRAULEN Doch die Freude über das Wasservergnügen war nicht von langer Dauer – die Wasserqualität bereitete zusehends Sorgen. Über einen Pumpenbetrieb versuchte man, direkt aus der Windwehe, in die der Oldentruper Bach mündet, das Wasser gefiltert zurückzuführen, doch das änderte nicht viel. Letztendlich bedeutete die schlechte Wasserqualität das Aus für die Leibesertüchtigungen im nassen Element. 1959 durfte man noch ein letztes Mal kraulen, dann wurde der Stöpsel gezogen. Das Verschwinden des Bades bedeutete auch das Ende der Heeper Schwimmabteilung. Erst viele Jahre später, 1996, konnte Bielefeld im Leistungssportbereich wieder mit-

↓ Diese Treppe bietet nicht mehr allzu viel Halt!

↘ Hinter den Startblöcken fließt noch immer das Wasser direkt in den Oldentruper Bach.

schwimmen, doch ohne Comeback für das Kipp'sche Freibad. Hier baden seit Jahrzehnten in aller Seelenruh (und sicher gänzlich ohne sportlichen Elan) nur noch wasserliebende Flora und Fauna.

Bielefelds Bäderlandschaft

Zig Bäder haben Bielefeld seit Anfang des 19. Jahrhunderts bereichert – und sind wieder verschwunden. Trotzdem ist im Vergleich zu anderen Großstädten die Bäderdichte in Bielefeld nach wie vor erwähnenswert: Insgesamt sind es nämlich elf Bäder. Schwimmen kann man auch im Bezirk Heepen heute noch im »Familienbad & Sauna Heepen«. Wer lieber zwischen Bäumen in der Natur planschen möchte: Am anderen Ende der Stadt liegt das »Naturbad Brackwede« mit eiskaltem, smaragdgrün schimmerndem Wasser und einem Sprungturm aus Holz. Das Waldbad Brackwede wurde übrigens in etwa zur selben Zeit eröffnet wie das Kipp'sche Bad in Heepen.

Nichts für Weicheier: der Sprung ins ungeheizte Bachwasser!

33

DIE LETZTEN SÜNDER

Die Galgenheide und der heilige Jodokus in Bielefeld

**Abbitte, Gebete, Schwüre und Versprechen:
Was für die einen der Gang zum Schafott war,
war für die anderen der Weg zur Erlösung ... oder beides?**

Adresse Hallerstraße, Gadderbaum, 33617 Bielefeld **GPS** 52.00938, 8.50198
Anfahrt Mit dem Auto über den Ostwestfalendamm, Ausfahrt Oetker Welt; mit der Buslinie 29 bis Haltestelle Schildhof

Wo heute ein dichter Urwald wächst, war im 16. Jahrhundert weit und breit weder Baum noch Strauch zu sehen.

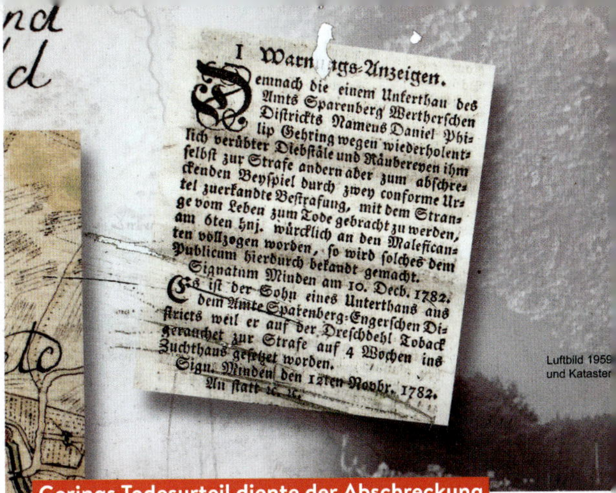

Gerings Todesurteil diente der Abschreckung und wurde groß angekündigt.

EIN MILDES URTEIL Es war wohl einer der kältesten Wintertage im Jahr 1782, dieser 6. Dezember, an dem der Räuberhauptmann Daniel Philipp Gering seine letzte Reise antreten sollte. Als die Eskorte aus 300 Soldaten, vier Priestern und einem Schülerchor ihn morgens um 8.30 Uhr in Empfang nahm, war sein Schicksal besiegelt. Er konnte von Glück reden, dass sein Strafmaß eine relativ schnelle Tötung vorsah – den Tod durch den Strang. Ein mildes Urteil, denn zu jener Zeit wurde in Bielefeld noch gerädert, was je nach Delikt und Richterspruch eine durchaus auch mal Tage dauernde Folter bedeuten konnte, schließlich machte es einen eklatanten Unterschied, ob man von oben nach unten oder von unten nach oben gerädert zu Tode kam. Ihm blieb natürlich noch über seine eigenen Fußketten zu stolpern, um sich *quick and dirty* das Genick zu brechen.

WILLKOMMENES SPEKTAKEL Der Marsch von den Kerkern der Sparrenburg zur drei Kilometer entfernten Galgenheide war beschwerlich und an diesem Tag obendrein vereist. Die Aussicht auf einen vorzeitigen Genickbruch war aber trotz Glatteis gering. Erstens wurde der Weg zum Schafott auf Befehl des Gerichtshalters Johann Ernst Tiemann abgekürzt, was einen Affront darstellte, denn die Stadt Bielefeld bestand darauf, dass zum Tode Verurteilte sich ihr Urteil ein zweites Mal vor dem Rathaus vorlesen ließen. Zweitens war eine Hinrichtung nicht nur ein willkommenes Spektakel im alltäglichen Einheitstrott der Bielefelder Bürgerinnen und Bürger, sondern für diese (und die Stadt) auch eine hübsche Einnahmequelle. Schließlich brachten die teils von weit her angereisten Gaffer Hunger und Durst mit, brauchten ein Bett und wollten feiern. Da wurde schon aufgepasst, dass dem Hauptdarsteller vor des Spektakels Höhepunkt nichts passierte.

VON NATUR AUS SCHLECHT? Gering (in alten Unterlagen auch »Gehring« geschrieben) selbst war sicher kein Unschuldslamm. Er hatte eine beeindruckende Banditenkarriere vorzuweisen und war letztlich zum Kopf einer der mitgliederstärksten und gleichzeitig berüchtigtsten Diebesbanden der Region aufgestiegen. Gering war ein gerissener Dieb und für seine zahlreichen Vergehen mehrfach zum Tode verurteilt worden. Aber war er auch ein schlechter Mensch? Diese Frage ist einer der Gründe dafür, dass relativ viel über diesen Meisterdieb bekannt geblieben ist. Ein aufgeklärter Dornberger Priester namens Christian Friedrich Zur Hellen zeigte während einer von Gerings Einkerkerungen ein reges Interesse an dem aus Werther stammenden Verbrecher. Seine aus den Besuchen im Kerker gewonnenen Erkenntnisse über das Gute und Schlechte im Menschen veröffentlichte Zur Hellen in der einschlägigen Fachpresse und steigerte dadurch die schaurige Neugier auf den letzten Gang des Gauners. Tatsächlich hielt der Priester den armen Sünder nicht für von Natur aus schlecht, wohl aber durch Erziehung und Gewohnheit als zu verkorkst, als dass Umkehr zu erwarten wäre. Er legte deshalb auch kein gutes Wort für den Räuberhauptmann ein. Das Todesurteil wurde vollstreckt. Doch

Gerings Fall ging in die Geschichte ein – wegen seiner Reputation, wegen Zur Hellens Studien, wegen der Fehde zwischen Tiemann und der Stadt, die sich um ihr Recht betrogen sah, den Gefangenen auf dem Rathausplatz zu empfangen. Und, weil Gerings Todesurteil die letzte Vollstreckung an der Galgenheide auf dem Blömkeberg war.

NEUES LEBEN Etliche Jahre später, ab 1950, wurde die Galgenheide zur Rennstrecke. Bielefeld war im Nachkriegsdeutschland der zweitgrößte Motorradproduzent der Republik, und Motorradrennen erfreuten sich enormer Popularität. Lokalmatador Ernst Hiller aus Brackwede war sogar sechsmaliger »Deutscher Straßenmeister« in der 500-Kubikmeter-Klasse. Doch nach nur vier Jahren, 1954, endete auch diese Zeit der Massenspektakel an der Galgenheide. Ein Jahr später wurde die Fläche zur Mülldeponie deklariert, was sie bis kurz vor der Jahrtausendwende blieb. Der durch Schadstoffe belastete Boden bereitete den Anwohnern allerdings zunehmend Sorgen. Schließlich wurde die Deponie abgetragen, der Boden abgedichtet und anschließend rekultiviert. Der Blömkeberg durfte nun in voller Pracht zeigen, was sein Name versprach: ein Paradies für Flora und Fauna. Die »Blömken«, wie der Westfale zu den Blümchen sagt, durften endlich wachsen und gedeihen.

Da hat sich wohl jemand einen makabren Scherz erlaubt.

DER BERG DANEBEN Weniger schaurig, aber nicht minder kalt und beschwerlich war die Wallfahrt, die Büßer freiwillig rund 300 Jahre zuvor auf den benachbarten Jostberg führte, der im 15. Jahrhundert noch Loyckhuserberg hieß. Er liegt gleich hinter der Galgenheide im heutigen Teutoburger Wald, der damals aber noch kein Wald war, sondern ein zugiger Pass, auf dem kein Strauch, geschweige denn ein Bäumchen Schutz bot. Dieser unwirtliche Ort wurde zu einem beliebten Wallfahrtsort zu Ehren des heiligen Jodokus (auch »Jost« genannt). Um den bußwilligen Pilgern zumindest etwas Schutz zu bieten, entstand um 1480 ein kleines Pilgerhäuschen, das mit Erlaubnis des Paderborner Bischofs 1483 zur Kapelle erweitert wurde und – nach einigem Gerangel zwischen Landesherren, Stadt und Kirche – 1501 sogar die päpstliche Erlaubnis erhielt, das Ganze in ein kleines Kloster zu erweitern – mit der Auflage, die Wallfahrtsstätte unter den Fittichen des Bettelordens der Franziskaner in geordnete Bahnen zu lenken.

BETTELN MUSS SICH LOHNEN Tatsächlich aber waren die angesprochenen Franziskaner nicht begeistert von der Idee und sträubten sich vehement gegen eine Klosterkirche auf dem Jostberg. Kein Zweifel, auf der zugigen Anhöhe war das Leben weder im Sommer noch im Winter besonders angenehm. In den heißen Monaten war das Wasser knapp, in der kalten Jahreszeit der Wind frostig. Als

Die dicken Mauern waren kein Schutz gegen die unwirtliche Kälte an frostigen Wintertagen.

noch schlimmer galt allerdings die Befürchtung, dass durch die Abgeschiedenheit und schwierige Anreise die Pilger ausbleiben würden. Das hätte schlicht und einfach das Betteln und die Seelsorge massiv erschwert. Schließlich aber genehmigte Rom den Bau der Klosterkirche, und die Mönche des Franziskanerordens übernahmen den Wallfahrtsort. 1502 war das Gotteshaus in luftiger Höhe fertig. Allerdings gelang den frierenden Mönchen schon wenige Jahre nach Fertigstellung (1505–1507) der Rückzug in eine neue und wärmere Klosterkirche innerhalb der Bielefelder Stadtmauern: Sankt Jodokus. Die verlassene, fast nagelneue Kirche auf dem Jostberg verfiel schon Mitte des 16. Jahrhunderts. Erst 1912 wurden die Grundmauern der Ruine freigelegt – und noch mal 80 Jahre später begannen Ausgrabungen, um das zu retten, was noch zu retten war.

Vom Blömkeberg zum Jostberg

Heute erinnern nur noch ein paar Infotafeln an den Geruch von Blut und Tod, Öl und Benzin, Müll und Verwesung. Der idyllischen Wiese im heutigen Naturschutzgebiet sieht man die düstere Vergangenheit nicht an. Aber: Wer dem knapp 3,5 Kilometer langen Rundwanderweg an einem klirrendkalten Wintertag vom Blömkeberg bis zur Ruine auf den Jostberg folgt, kann erahnen, wie sich damals der Frost an Knochen und Gemüt labte und seine klammen Finger nach verlorenen Seelen austreckte. Natürlich kann man den Weg auch im Frühling zur Bärlauchblüte laufen, dann ist er aber nur halb so schaurig. Wem das nicht reicht: Einen Eindruck von Gerings Verlies auf der Sparrenburg bekommt man bei einer Kasemattenführung (www.sparrenburg.info).

Ein regelrechter Urwald erobert die Schienen zu beiden Seiten der Kennedybrücke (Kapitel 6).

Die Klosterkirche in Böddeken im Kreis Paderborn wurde nach der Säkularisierung im 19. Jahrhundert nicht wieder aufgebaut (Kapitel 2).

REGISTER

DANK Danken möchte ich allen, die mich begleitet haben, und besonders denen, die mir geholfen haben, ein paar Geheimnisse zu lüften oder Türen zu öffnen: dem Stadtarchiv Bielefeld, Rosemary Flöthmann vom Heimatverein Brackwede, Udo Waschkovitz vom Heimatverein Steinhagen, Laura Bünger von der Kögel Bau, Jürgen und Maria Hannemann, Uwe Matull, Dietmar Pfeiffer, Tim Lange und Susi Ackstaller. Ein ganz großes Dankeschön geht an Kerstin Salerno von der Stadt Büren, die enorm spannende Begegnungen möglich gemacht hat. Last but not least danke ich meinem Gatten Kai für einige sehr schöne Fotos und dafür, dass ich alle meine Recherchen heil überlebt habe.

IMPRESSUM

Verantwortlich: Claudia Hohdorf
Lektorat: Helga Peterz
Korrektorat: Christiane Gsänger
Layout: BUCHFLINK Rüdiger Wagner
Covergestaltung: Anna Katavic
Layout- und Reihengestaltung: Mathias Frisch
Kartografie: Bruckmann Verlag GmbH, Heidi Schmalfuß
Repro: LUDWIG:media
Herstellung: Alexander Knoll
Printed in Poland by CGS Printing

Sind Sie mit diesem Titel zufrieden? Dann würden wir uns über Ihre Weiterempfehlung freuen.
Erzählen Sie es im Freundeskreis, berichten Sie Ihrem Buchhändler, oder bewerten Sie bei Onlinekauf.
Und wenn Sie Kritik, Korrekturen, Aktualisierungen haben, freuen wir uns über Ihre Nachricht an Bruckmann Verlag, Postfach 40 02 09, D-80702 München oder per E-Mail an lektorat@verlagshaus.de.

Unser komplettes Programm finden Sie unter www.bruckmann.de

Empfehlung der Redaktion Sie sind auf der Suche nach weiterführender Literatur? Dann empfehlen wir Ihnen den Titel »Lost & Dark Places Münsterland« von Oliver Hübner.

Bildnachweis Alle Bilder im Innenteil stammen von Dagmar Macêdo mit Ausnahme von:
Kai Lange: S. 2, 4 u. l., 19, 20, 27, 56, 59, 60, 61, 64, 66 l. und r., 68, 80–83, 91, 93, 98, 102, 104, 106, 113 r., 116, 121, 139, 146, 151; S.145: Dagmar Macêdo/aus: 300,5, I. Nr. 081 (Bd. 4)/mit freundlicher Genehmigung des Stadtarchivs Bielefeld

Umschlagvorderseite: Schokoladenfabrik Rehme (Kapitel 17, Kai Lange)
Umschlagrückseite: Das ehemalige Strandbad Kipp in Bielefeld-Heepen (Kapitel 32)
Autorenfoto auf Umschlagklappe vorne: Martina Klein

Die Deutsche Nationalbibliothek verzeichnet diese Publikation in der Deutschen Nationalbibliografie; detaillierte bibliografische Daten sind im Internet über http://dnb.d-nb.de abrufbar.

2. Auflage

ISBN 978-3-7343-2540-3